U0046571

明代軼聞

林慧如編

中華書局印行

明代軼聞序

夫史者包羅萬有天下之公器也我聞三代之史至纖至悉也司天有史司祝有史司歷有史占驗有史卜筮有史祭祀有史掌神事者史掌人事者亦史是三代之史固合天人神祖君民而公有者也仁和龔自珍謂周史之外無言語文字無人倫品目蓋胥統之於史也自孔子以大聖而作春秋尚有爲尊者諱爲親者諱爲賢者諱之例而中國無信史矣秦漢以降君主之勢日張更舉天下之史而專制之所謂二十四史者史記而外直官史朝史而我民無與焉則後之人欲考察在野之言語文字人倫品目與夫民物之休戚風俗之盛衰者將何從哉自非網羅放失於草莽私乘不爲功矣此亦禮失而求諸野之意也余自幼竺志文獻於晚明之事尤爲究心頗欲有所撰述十年以前就鄉邦之見聞輯爲金山衞佚史

一書以作嚆矢誠以明史成於清朝彼以北虜而入主中夏先有種族之見存於其間故是非顛倒功罪混淆者極多尤不足以垂示於世而必有冀於大力者之重修也今社友丹陽林君晦廬有明代軼聞之輯其綴拾叢殘可供異日者輶軒之採錄庶幾陶侃之竹頭木屑彌可珍已晦廬馳箋促余一言余尙未見其書然喜其志之有合也故不辭而遽序之

金山姚光序

明代軼聞 目錄

卷一

孤忠鑑

卷二

義士傳

卷三

名士誌

卷四

美人譜

卷五

異人錄

卷六

亂賊記

卷七

技術史

卷八

異物誌

明代軼聞 卷一

孤忠鑑

左懋第

懋第被拘於太醫院。自題院門曰。生爲大明忠臣。死爲大明忠鬼。洪承疇來說降。懋第掩面哭曰。此鬼也。洪督師在松山死節。先帝賜祭九台。今日安得更生。洪慚而退。聞南都失守。痛哭嘔血。誓不欲生。賦詩曰。漠漠黃沙少雁過、片雲南下意如何。丹衷碧血難消盡。蕩作寒煙總不磨。拘見清攝政王。令薙髮。曰、頭可斷。髮不可斷。懋第血性男兒。今日惟死而已。豈有他哉。攝政王曰。汝等不怕死。皆忠臣也。然降亦不失富貴。左侍郎幸弗自誤。今日若降。明日富貴矣。懋第曰。我寧爲大明忠鬼耳。遂付菜市口就義。

傅作霖

傳作霖、字潤生、武陵人。永明時官兵部尚書。從至武岡。時劉承允擅政議降。公怒責之。承允引清兵入城。公冠帶坐堂上。遂遇害。絕命詩曰。戎馬崎嶇間道來。殘花猶伴戰場開。麻鞋兩載奔天淚。白髮孤臣搶地哀。莽莽故園何處問。滔滔逝水幾時回。鐘山風雨今依舊。夜夜銅駝泣草萊。

金忠潔

金鉉、字伯玉、武進之剡村人也。因殉節。謚忠潔。初以順天籍領解成進士。時年十九。不習吏。請改教授。其大父戶部主事汝升。舊多藏書。乃與弟鋐日夜讀之。繼擢國子監博士。遷工部主事。先是時、明懷宗已誅魏忠賢。而太監張彝憲等旋用事。至是而賊李自成兵始熾。添內餉。命彝憲總理戶工錢糧。建別署。忠潔曰。此天下存亡之機也。奈何誅忠賢。復任一忠賢。且我爲工曹。必將屬視我矣。乃抗疏。先言彝憲既有獨踞之庭。必強二部郎官匍匐進謁。挫士節。辱朝廷。疏上不報。而總理已建署。果檄郎官以謁尚書儀注見。復上疏。固爭之。旨諭職事相關。自當禮見。餘不見通謁。金鉉亦不得激呈。彝憲意甚得。與其黨議侍郎官禮。或曰視尙書當稍倨。憲曰吾當稍恭。而待金鉉稍倨耳。金遂集諸郎官。倡議曰。職事可令掾吏移之。吾曹有一人登彝憲堂卽屬彝憲假子。毋許入、孔子廟當提吾靴擲腫其面。辱之朝堂。於是諸郎官詣尙書各請以公事出。至期彝憲坐堂皇。黃袗緹衣。倡贊畢。但見吏不見郎官。口謁尙書始來乎。待午乎。久之又不至。乃怒曰。辟金鉉不卽來。待晚乎。命小豎竊視門外。望扇導來卽報。已而馬蹄前後過。無一人入者。乃大慚憤。借驗放十六門火器。誣指十八位無火門。劾以故悞軍機。曰必殺鉉。會尙書爭之力。僅削職歸。家居益與弟錝盡讀所藏書。尤善易學。而父汀州太守顯、母恭人章、更時時慰勉之。至父死服闋。復起爲兵部車駕司主事。分守皇城。益修城守火器。時崇禎十七年二月也。李自成已陷大同。而宣府鎭方有太監杜勳監視。又上疏曰。宣府京城之蔽。宣府不救。慮在京城。撫臣朱之馮忠勇足恃。恐受內臣之掣。請亟撤之。并撤居庸關監視。不聽。至三月果聞杜勳以宣府迎賊。朱死之。因哭語弟錝曰。目今我哭朱公。數日後汝曹哭我矣。及賊至居庸關。太監杜之秩吳復迎降。遂進薄彰義門城下。杜勳縋城上入見大內。惟張皇賊勢以逼帝。遍語諸黨。謂吾黨富貴自在云。忠潔則倉皇點禁兵歸謀匿母因哭告母曰鉉守皇城。城亡當與偕亡。今日從母乞此身殉王事。母曰噫、久謂汝讀書知大義。今日始向我乞身哉。且我命婦當與汝偕。勉之。汝魂歸可晤我於井也。趨之出又命僕追之。以朝衣隨往。見賊已入京城殺監察御史王章于城上。王章亦武進人字芳洲。與忠潔素厚。方爲之歔欷數聲。見市中宮人遍至。言賊入皇城。帝后已死社稷。欲、趨入宮。又傳聞提督京城太監王承恩從死。喜曰微獨吾鄉王御史也。若輩中尚有一人知大義者。我乃後之。不已爲若笑耶。遂衣朝衣投御河死。死時有呂胖者亦內監也。傫然而至。兩手反接而睨視之。曰是金兵部耶。是人素不居我輩於人。而豈渠能死。吾獨不能死哉。渠生欲遠我。我偏近之。亦自沉於此。僕以奔告其母。母曰孝哉鉉也。既信於王公。又能激呂監死。吾安可以誑鉉。急正冠帔投井中。鉉妾王氏隨之下。遂與俱死。錝歸收葬畢。焚其書而長慟曰。吾母乎。吾兄乎。此時曾相依而相見乎。哀號數日。又死井中。後清兵至。家人請入皇城。求得忠潔屍。已與呂監骨相雜不可分。殮而皇城又不得入。櫬竟合兩骸槀葬御河堤。而以王御史之喪歸里。

閻應元

閻典史名應元、字麗亨。其先浙江紹興人也。四世祖某為錦衣校尉。始家北直隸之通州。為通州人。應元起掾吏。官京倉大使。崇禎十四年。遷江陰典史。始至。有江盜百艘。張幟。乘潮。闌入內地。將薄城。而會縣令攝篆旁邑。丞簿選懦怖急。男女犇竄。應元帶刀鞬出。躍馬大呼於市曰。好男子從我殺賊護家室。一時從者千人。然苦無械。應元又馳竹行。呼曰。事急矣。人假一竿。直取諸我。千人者布列江岸。矛若林立。士若堵牆。應元往來馳射。發一矢。輒殪一賊。賊連斃者三。氣懾。揚帆去。巡撫狀聞。以欽依都司掌徼巡縣尉。得張黃蓋擁纛前驅清道而後行。非故事。邑人以為榮。久之。僅循資遷廣東英德縣主簿。而陳明選代為尉。應元以母病未及行。會國變。挈家喬居邑東之砂山。是歲乙酉五月也。當是時。清朝定鼎改元二年矣。豫王大軍渡江。金陵降。君臣出走。宏光帝尋被執。分遣貝勒及他將略定東南郡縣。守土吏或降或走。或閉門抗拒。攻之輒拔。速者功在漏刻。遲不過旬日。自京口以南。一月間下名城大縣以百數。而江陰以彈丸小邑。死守八十餘日而後下。蓋應元之謀居多。初薙髮令下。諸生許用德者。以閏六月朔懸明太祖御容於明倫堂。率衆拜且哭。士民蟻聚者萬人。欲奉新尉陳明選主守城。明選曰。吾知勇不如閻君。此大事須閻君來。乃夜馳騎往迎應元。應元投袂起。率家丁四十人。夜馳入城。是時城中兵不滿千。戶裁及萬。又餉無所出。應元至。則料尺籍。治樓櫓。令戶出一男子乘城。餘丁傅餐。已乃發前兵備道曾化龍所製火藥火器貯堞樓。復乃勸輸富室。令曰、輸不必金。出粟菽帛布及他物者聽。國子上舍程璧首捐二萬五千金。捐者麕集。於是圍城中有火藥三百罌。鉛丸鐵子千擔。大炮百座。鳥機千張。錢千萬緡。粟麥豆萬擔。其他酒酤鹽鐵芻藁稱是。已乃分城而守。武舉黃略守東門。把總某守南門。陳明選守西門。應元自守北門。仍徼巡四門。部署甫定。而外圍合。時清軍薄城下者已十萬。列營百數。四面圍數十重。引弓仰射。頗傷城上人。而城上礧炮機弩乘高下。清軍殺傷甚衆。乃架大炮擊城。城垣裂。應元命用鐵葉裹門板。貫鐵絙護之。取空棺實以土。障潰處。又攻北城。北城穿。下令人運一大石塊於城內。更築堅壘。一夜成。會城中矢少。應元乘月黑。束蒿爲人。人竿一燈。立陴睨間。帀城兵士伏垣內。擊鼓叫噪。若將縋城斫營者。清軍驚。矢發如雨。比曉。獲矢無算。又遣壯士夜縋城入清營。順風縱火。軍亂自蹂踐。相殺死者數千。清軍卻離城三里止營。帥劉良佐擁騎至城下。呼曰。吾與閻君雅故。爲我語閻君欲相見。應元立城上與語。劉良佐者。故宏光四鎮之一。封廣昌伯。降清朝總兵者也。遙語應元曰。宏光已走。江南無主。君可早降。可保富貴。應元曰。某明朝一典史耳。尚知大義。將軍祚土分茅。爲國重鎮。不能保障江淮。乃爲敵前驅。有何面目見吾邑義士義民乎。良佐慚退。應元偉軀幹。面蒼黑。微髭。性嚴毅。號令明肅。犯法者鞭笞貫耳。不稍貸。然輕財。賞賜無所恡。傷者手爲裹創。死者厚棺殮。酹醊而哭之。與壯士語。必稱好兄弟。不呼名。陳明選寬厚嘔育。每巡城。拊循其士卒。相勞苦。或至流涕。故兩人皆能得士心。樂爲之死。先是貝勒統兵略地蘇松者。既連破大郡。濟師來攻。面縛兩降將跪城下說降。涕泗交頤。應元罵曰。敗軍之將。被擒不速死。奚喋喋爲。又遣人諭令斬四門首事各一人。卽撤圍。應元厲聲曰。寧斬吾頭。奈何殺百姓。叱之去。會中秋。給軍民賞月錢。分曹攜具登城痛飲。而許用德製樂府五更轉曲。令善謳者曼聲歌之。歌聲與刁斗笳吹聲相應。竟三夜。罷。貝勒既覘知城中無降意。攻愈急。梯衝死士。鎧胄皆鑌鐵。刀斧及之。聲鏗然。鋒口爲缺。炮聲徹晝夜。百里內地爲之震。城中死傷日積。巷哭聲相聞。應元慷慨登陴。意氣自若。旦日大雨如注。至日中。有紅光一縷。起土橋。直射城西。城俄陷。清兵從煙焰霧雨中蜂擁而上。應元率死士百人。馳突巷戰者八。所當殺死以千數。再敓門。門閉不得出。應元度不免。踊身投前湖。水不沒頂。而劉良佐令軍中。必欲生致應元。遂被縛。良佐箕踞乾明佛殿。見應元至。躍起持之哭。應元笑曰。何哭爲。事至此。惟一死耳。見貝勒。挺立不屈。一卒持槍刺應元貫脛。脛折踣地。日暮。擁至栖霞禪院。院僧夜聞大呼速斫我不絕口。俄而寂然。應元死矣。凡攻守者八十一日。清軍圍城者二十五萬。死者六萬七千。巷戰死者又七千。凡損卒七萬五千有奇。城中死者無數。尸骸枕籍。街巷皆滿。然竟無一人降者。城破時。陳明選下騎傳戰。至兵備道署前被殺。身負重創。手尙握刀。僵立倚壁不仆。或曰闔門自焚死也。

趙景和

趙使君者。諱景和、字萬育、錢唐人。天啟丁卯孝廉也。夙與相國史文忠公可法相友善。嘗抵掌時事。相對唏噓。每至泣下。文忠曰。今滄溟正沸。清晏難期。設遇時危。常山睢陽。吾輩事也。使君曰。倘遇疾風。敢不爲勁草乎。初使君教諭於禾。作人爲盛。後授瀘州州守。張獻忠方踞蜀。不得進。俄而李自成犯闕。鼎湖龍去。使君北面慟哭曰。君死社稷。吾將安歸。欲自刎。偕行者奪之止。還赴留都。時馬士英柄國。引阮大鋮爲大司馬。日與衆正爲仇。史相國督師江北。尤爲所忌。有薦使君才可大用者。馬知其爲史友。勿善也。久之。調爲廣德州守。時睢陽圍急。寧南侯請清君側之賊。大理院姚思孝等請救淮南。士英厲聲曰。君臣寧死於敵。勿死於左。此皆良王餘黨。游說不可聽也。於是調黃劉諸鎭。衞石頭而北守。易疏。文忠血書告急。棄勿顧。使君閱邸報大憤曰。惜吾友一腔熱血。空付之馬革矣。揚城破。史相國立城上。拔劍自刎死。時宏光已出奔矣。士英惶急。懼寧南兵扼安慶。將走浙。挾母僞稱太后。道由廣德。其兵沿途殺掠。無復紀律。皆衣婦人衣。紅紫綺繡。重襲一身。釁釧在臂。簪鈿盈首。而猶涎州治傳檄。諭守出庫金以犒軍。備法駕以迎太后。使君裂檄奮怒。因下令曰。有不奉詔而南軼者。毋許入。士英於城下請守。見誘以甘言。使君叱之曰。爾爲國元臣。不思報主。釀成覆敗。國家何負汝。而若是邪。汝云保駕。駕今安在。不保上而保太后。人傳若母。誰不知邪。汝速去。吾劍鋒恥飲爾賊臣血。士英命子都督錫腹背夾攻。民心甚固。州城旋毀旋築。後力不支。爲其乘闥而入。使君還坐廳事。士英至不起。迎士英曰。爾小吏敢抗我哉。使君曰。爾蠻獠。非人類。廣德州守今日爲國死。然恨不死外難。而死賊相耳。吾今得與亡友道林踐久要於泉下矣。吾且爲厲鬼逐爾。士英趨卒刺使君。使君挺身受創死。其妾秦氏死於井。是時其子蒼璧方九齡。僕人錢義匿之。脫於難。戊午登賢書。壬戌成進士。其孫蘇荃。詩文克繩家學。人以爲孤忠之報。當兵馬蹂躪廣德時。忽雷雨大作。恍見使君毅魄在雲霧中。士英懼。卽捲甲去。去而武林不容。會稽不受。胥遁於閩。卒父子伏法。駢斬延津云。

黃石齋

黃岡杜蒼略先生客金陵。習明季前輩遺事。嘗言崇禎某年。余中丞集先與譚友夏結社金陵。適石齋黃公來遊。與訂交。意頗洽。黃公造次必於禮法。諸公心嚮之。而苦其拘也。思試之。妓顧國色也。聽慧通書史。撫節按歌。見者莫不心醉。一日大雨雪。觴黃公於余氏園。使顧佐酒。公意色無忤。諸更勸酬。劇飲大醉。送公臥特室。榻上枕衾茵各一。使顧盡弛褻衣。隨鍵戶。諸公伺焉。公驚起。索衣不得。因引衾自覆薦。而卻顧以茵。臥茵厚且狹。不可轉。乃使就寢。顧遂暱近公。徐曰。無用爾。側身內向。息數十轉卽酣寢。漏下四鼓。覺轉頭向外。顧佯寐無覺。而以體傍公。俄頃公酣寢如初。詰旦。顧出具言其狀。且曰。公等爲名士。賦詩飲酒。是樂而已矣。爲聖爲佛。成忠成孝。終歸黃公。及明亡。公繫於金陵。在獄日。誦尙書周易數月。貌加豐。正命之前夕。有老僕持鍼線向公而泣曰。是我侍主之終事也。公曰。吾正而斃。是爲考終。汝何哀。故人持酒肉與訣。飲啖如平時。酣寢達旦。起盥漱更衣。謂僕某曰。曩某以卷索書。吾旣許之。言不可曠也。和墨伸紙。作小楷。次行書。幅甚大。乃以大字竟之。加印章。始出就刑。其卷藏金陵某氏。顧妓自接公時自懟。無何歸某官。李自成破京師。謂其夫能死。我先就縊。夫不能用。語在縉紳間。一時以爲美談焉。

周宗建

明天啟時。御史周公宗建。屢疏魏閹。奪職被逮。箠楚至不能出聲。許顯純向公厲聲曰。此時復能詈魏上公不。識一丁否。卒斃於獄。六月洗獄。七月還尸。家中訃音未至。有清江浦舟子。接一秀士。許以一金雇舟。問其姓氏。自何所來。曰。我周季侯。自京師來。又問吳中被逮諸公狀。顰蹙曰。俱死矣。又問魏監。曰。伊罪惡貫盈。不久顯戮矣。至吳江。入門不出。舟子呼之。家人出。詢知其故。曰。季侯吾主人也。赴逮在京。安有此事。

喧鬧間。夫人急出曰。良有是事。昨夢侍御還家。備言死狀。且云上帝鑒其忠直。俾爲神吳郡。舟子許酬一金。爲我予之。勿失信也。乃出金與之。舉家環哭。舟人亦哭曰。吾得載忠魂。生平奇事。肯受金耶。夫人曰。侍御生平淸介。汝不受直。非其心也。舟人拜領而去。

曹大鎬

明季曹京山先生大鎬者。貴池人。桂王時。寄籍廣信。官兵部尚書。掛平海大將軍印。封定南侯。時江閩間有四營。先生將其一。庚寅夏兵潰於邵武。爲淸軍所執。不屈死。有絕命二首云。百浪千濤可自安。久將神理驗心觀。生成俠烈柔非易。道在從容莽亦難。金鐵逢爐還有礎。鬢眉對劍不增寒。途窮事即蒼穹性。白日何妨黑暮看。天命難回數已違。貔貅常逐陣雲飛。寶刀揮去鋒流刃。鐵甲磨穿血作衣。八載雄征空有願。一身報國恨無歸。忠魂未肯隨風散。夜夜寒光護紫微。

朱舜水

餘姚朱舜水先生名之瑜字楚瑜。當建虜入關時。從黃梨洲先生乞師日本。繼又往來安南暹羅間。欲起義師顚奔波僕僕。不得一兵。遂罷。後入長崎。傳王陽明學。從而學者萬餘人。水戶侯師事之。先生抱獨身主義。蓋惓念故國。耿耿不能忘也。後依水戶侯終有遺書曰予不得再履漢土一覩恢復事業。予死矣。奔走海外數十年未求得一師與滿虜戰亦無顏報明社稷。自今以往區區對皇漢之心。絕於瞑目。見予葬地者。呼曰故明人朱之瑜墓。則幸甚。又有遺詩二首云。漢土西看白日昏。傷心胡虜據中原。衣冠誰有先朝制。東海翻然認故園。廿年家國今何在。又報東胡設僞官。起看漢家天子氣。橫刀大海夜漫漫。先生著述甚富。海內不多見。皆一字一淚。淒然亡國之音。有心人不堪卒讀也。先生爲明恩貢生。

秦某

杜某於明鼎革後。隱居崽山。偶與一客長眉疏髯。灑然有出塵之概。揖問之。則北來避兵者。自言爲北直秦姓。至談經史。淹博賅洽。上下古今。語及明季事。唏噓流涕。乃知其爲明之孤臣故老也。留課其子。閱十數日。輒一出遊。數日始返。一日。出付杜某囑市羊豕肉饌等物。次夕有三客來杜。偕其子伏窺之。一少年全眞。鳳目龍顏。美如冠玉。一淸癯白髮。儀狀甚偉。一燕頷虎鬚。氣象威猛。秦跪迎奉全眞上坐。餘各東西席地坐。少年泣謂諸人曰。某播遷數省。幾無寸土可以立足。近又聞某王被執。觀時度勢。天意可知。諸卿間關萬里相隨。本欲延某一線祀耳。時事已去。何向而可。燕頷者跪啟曰。今鄭氏據台灣。猶奉我朝正朔。不如且往投之。秦與白鬚曰。鄭氏名雖奉明。志在自立。且台灣蕞爾。非用武之地。秦乃於袖中出一圖進曰。臣籌之六年。惟有此地可暫時立國。昨海上諸將各有書來矣。糾集精兵十萬。若六飛親臨。勇氣自當百倍。先取八島以爲根本。然後練兵積粟。看釁中原。大事可圖矣。燕頷者再拜曰。軍師言是。臣已備舟二百。明日卽請啟蹕。於是各就坐食。天將曉。始罷而出。秦亦不返。

汪喬年

公名喬年。字歲星。明天啟壬戌進士。官刑部。出守青州。陞東萊道。視學秦中。歷任三邊總制。寇陷襄城死之。公仕宦不攜家室。讞決告令。錢穀鈎會。暨督學試生儒。皆身任校閱。幕賓無一人。一子早夭。遂安余國禎督山東。有執鞭卒訊及邑里。輒訝曰。君里有汪公者。其嗣子遘疾。吾青人士登泰山祈禱者以千計。今無恙乎。曰死矣。卒撫膺泣下。青州黃綬曰。吾少未習公。然吾鄉人至今稱汪夫子。里諺、有汪不解擔之語。以其聽斷明決。不俟信宿弛擔也。視學秦中。以儉率諸生。章服盡布素。校士必焚香告天。故拔置盡一時寒庶。後井姓者繼公。時人爲之謠曰。有學莫忙。須待汪。有錢莫省。須待井。訖今兒童猶傳誦之。黃州赤壁有八十老翁。舊爲公部曲者。曰公任總制未數月。赴援河南。師次襄城。刃既接。大帥賀人龍等久蓄異志。皆潰去。公孤軍守城。賊圍環匝。號數十萬。百道攻城。公登埤坐矢石間。隨機以應。殺賊數千人。賊憤甚。左右泣諫曰。衆寡不敵。盍自爲計。公怒奮拳。折其一齒。無何城陷。猶手刃三賊。被執。公罵不絕口。賊割其耳鼻。磔屍而去。襄人建忠烈祠以祀之云。

高平仲

沂水高衡字平仲。崇禎辛未進士。官河南巡撫。歸殉壬午之難。初登第。觀政京師。製衣一襲寄家內。自畫花卉其上。凡念六種。作三十二花叢。花之左右前後各題絕句詩凡八首。記其警句云。對月偏成憶。臨風更有思。鄉心無可寄。聊寫最嬌枝。花枝嬌且姸。置之在懷袖。好記花枝新。憐取衣裳舊。輕襦畫折枝。悠然感我思。畫時腸已斷。著時心自知。霧縠偏宜暑。冰綃迴出塵。著時憐百朶。應憶畫眉人。客邸長安一事無。畫長人靜影形孤。間將一段鵝谿絹。寫作名花百種圖。殉難後。張杞園待詔爲作畫衣記。

左忠毅

左忠毅公視學京畿。一日風雪嚴寒。從數騎出微行。入古寺。廡下一生伏案臥。文方成草。公閱畢。卽解貂覆生。爲掩戶。叩之寺僧。則史公可法也。及試。吏呼名至史公。公瞿然注視。呈卷。卽面書第一。召入使拜夫人。曰。吾諸兒碌碌。他日繼吾志事。惟此生耳。及左公下廠獄。史朝夕待獄門外。逆閹防伺甚嚴。雖家僕不得近。久之。聞左公被炮烙。旦夕且死。史公持五十金。涕泣謀於禁卒。卒感焉。一日使史更敝衣草屨背筐。手長鑱。爲除不潔者。引入。微指左公處。則席地倚牆而坐。面額焦爛不可辨。左膝以下。筋骨盡脫矣。史公前跪。抱公膝而嗚咽。公辨其聲。而目不可開。乃奮臂以指撥眥。目光如炬。怒曰、庸奴。此何地也。而汝來前。國家之事。糜爛至此。老夫已矣。汝復輕身而昧大義。天下事誰可支柱者。不速去。無俟姦人構陷。吾今卽撲殺汝。因摸地上刑械。作投擊勢。史公噤不敢聲。趨而出。後常流涕述其事以語人。曰。吾師肺肝。皆鐵石所鑄也。崇禎末。流賊張獻忠出沒蘄黃間。史公以鳳廬道奉檄守禦。每有警。輒數月不就寢。使將士更休。而自坐幄幙外。擇健卒十人。令二人蹲踞而背倚之。漏鼓移。則番代。每寒夜起立。振衣裳。甲上冰霜迸落。鏗然有聲。或勸以少休。公曰、吾上恐負朝廷。下恐愧吾師也。史公治兵。往來桐城。必躬造左公第。候太公太母起居。拜夫人於堂上。方塗山者、左公甥也。與人言獄中語。乃親得之於史公云。

盧象昇

盧象昇、江蘇常州人。明天啟二年成進士。官大名知府。崇禎二年。京師戒嚴。象昇募萬人入衛。得無恙。六年、山西賊流入畿輔。據臨城之西山。象昇擊卻之。賊又圍游擊董維坤於冷水村。象昇設伏石城南。大破之。每臨陣身先士卒。與賊格鬥。刃及鞍弗顧也。失馬。即步戰不少懈。賊馳走相戒曰。苟遇盧甯死。毋相犯。象昇之名藉甚。賊南渡河。入楚陽六縣。象昇以僉都御史撫治鄖陽。時蜀寇返楚者。紛駐鄖之黃龍灘。象昇與總督陳奇瑜分道夾擊。連戰皆捷。漢南寇平。又奉命督山西陝西軍務。適汝洛告警。乃馳入汝。賊部衆三十萬餘。進營百里。勢甚盛。象昇督諸將等擊高迎祥於城西。用强弩射殺賊千餘人。先是大帥曹文詔、艾萬年、陣亡。尤世威敗衂。諸將率畏賊不敢前。象昇每慷慨灑涙。激以忠義。軍中嘗絕三日餉。象昇亦水漿不入口。以是得部下心。戰輒有功。迎祥敗走。後復分道陷含山和州。進圍滁州。象昇又馳兵援救。大戰於滁州城東之五里橋。賊勢窮蹙。相率竄匿於秦楚蜀之交萬山中。象昇遂自南陽趨襄陽。進兵勦平之。繼而清兵入關。直走牆子嶺青口山。殺總督吳阿衡。毀正關至營口石匣。駐於牛蘭。朝廷聞警。三賜象昇尙方劍。令督天下援兵。時象昇正奉諱回籍。詔至。麻衣草履誓師及郊。聞廷臣主和議。象昇頓足歎曰。予受國恩。恨不得死所。今寧捐軀斷脰。及都。帝召問方略。對曰、臣主戰。帝變色良久曰。和乃外庭議耳。象昇乃決策議戰。自將馬步軍。列營都門之外。衝鋒陷陣。軍律甚嚴且整。清兵南下。三路出師。象昇即由涿進。據保定。命諸將分道出擊。廷臣以象昇梗和議而主戰。奪其兵權。象昇不得已。提殘卒。次宿三宮野外。畿南父老聞之。咸叩軍門。請曰。天下洶洶且十年。明公出萬死不顧一生之計。爲天下先。乃奸臣在內。孤忠見嫉。三軍捧出關之。檄將士懷西歸之心。棲遲清野。一飽無時。不如移軍廣順。召集義士。再圖恢復。三郡子弟聞公之來。以爲昔非公死賊。今非公死兵。同心戮力。一呼而裹糧從者可十萬。孰與隻臂無援。立而就死哉。象昇潸然流涕曰。感父老義。雖然、自予與賊角。經十百餘戰。未嘗一挫衂。今者分疲卒五千。大敵西衝。援師東隔。事由中制。食盡力窮。旦夕死矣。無徒累父老爲也。衆聞言。號泣雷動。爭攜糧往饋。象昇進師。遇清軍於蒿木橋。敵騎數萬。環繞象昇左右。象昇麾兵急戰。呼聲震天。卒以炮盡矢窮。後援不至。身中四矢三刃而仆。死時年僅三十九。事後廷臣爲之請於朝。謚忠烈。

周忠介

公字蓼洲。天啟中死璫禍。今錄其家書於左。四月朔日渡江。一路風光。儘覺自在。郵夫販客婦女兒童。無不攀車垂涕者。卽焦頭爛額輩。如狠如虎。亦皆感恩而泣。不知前先何以能得衆緣如此。乃知忠信篤敬之果可行於蠻貊也。童兒輩須從窮愁患難中困心衡慮。苦志讀書。做第一等好人。方不負我之教。平日但當閉門潔守。務使戶庭之內。肅如朝典。如此世界。更當萬分謹愼也。字付大兒。又與宮詹姚公現聞云。如此風波。合城無不驚怖。弟作一歡喜順受想。空空坦坦。正覺快活。臨時尙當豎起脊骨。做一個生鐵鑄就底人。以不負知己。兄以爲何如。又與文肅文書曰。弟行只在此兩日內矣。一生志節。向一路着力。是弟不濟處。故出門便與宦官作仇。畢竟以此輩結局。然不可謂非天之所以成我也。此時工夫。正欲使寃親平等。貪戀俱忘。急消却一段憤激之心。歡喜順受。方是實地。至於掀天揭地事。亦不在多。弟臨時尚可做耳。

瞿式耜

清兵入桂林。瞿公方巾燕衣。危坐署中。胡一青躍馬入。勸之去。公舉杯曰。能飲酒乎。一青曰。今日豈飲酒時。遂策馬去。適總督楚師司馬張同敞自靈州回。公喜曰。敞至。吾死不孤矣。敞曰。公將何行。公曰、封疆之臣。知有封疆。封疆既失。更復何去。敞曰。將欲得當以圖他也。公有命。敞敢不死。遂止飲酒。督標致遠將軍戚良勳牽馬請公出城。再圖恢復。家人泣請少忍須臾。待次公子之至。皆不許。遂被執。見定南王孔有德。有德曰。公閣部耶。好閣部。公子、汝王子耶。好王子。有德箕踞地上。顧曰。坐。公曰。吾不慣胡坐。有德肅然起。且揖之。見同敞。左右命之跪。同敞大罵。旁武士或以刀背折足。強之跪。同敞不屈。牽去將斬之。公曰、司馬國之大臣。不得無禮。死則同我死。有德素重公。悚然遂止。說降百端。卒不屈。有德愈重之。館二人於別所。防禦甚嚴。而供張飲食如上賓。二公賡和自若。會公遣死士遺焦璉書。極言淸兵羸弱。勸璉急提兵抵桂。且曰中興大計。無以我爲念。邏卒得之獻有德。大恐。閏十一月十七日晨。請二人。公方食。食徹。公笑曰。與總督多活四十一日。今事畢矣。同敞曰。快哉此行。今日得死所矣。見者皆爲泣下。二公顏色不變。陽陽如平時。總督藏一白綱巾於懷。至是服之曰。爲先帝服也。將服此以見先帝。至獨秀峯下。公指曰。一生只愛泉石。願死於此。整衣冠。爭就刃被殺。時大雷。冬發。遠近士女皆爲流涕。馬蛟麟莅殺。雅重公。命以蘆蓆覆之。越三日。侍御姚端。公門下士也。與楊藝入王邸。謀殮兩公。啟視。見公刃血在頸。身首不殊。面色不變。撫之而哭曰。忠魂儼在。知某等殮公乎。忽張目左右視。楊撫曰。汝子來見公耶。長公子失所耶。目猶視。端叩曰。我知師心矣。天子已幸南寧。師徒雲集。焦侯無恙。目始瞑。遂具衣冠殮葬兩公於風洞山之曠地。築室於旁。守墓不去。

沈華陽

公諱雲祚、字子凌、號岱宷。南直隸太倉州人。崇禎丙子舉於鄉。庚辰成進士。授華陽令。時羣寇縱橫久。海內糜爛。逆賊張獻忠屢出沒於楚蜀之間。所在殘破。揭竿而起者。浸不可制。公初釋褐萬里單舸。溯江流。摩賊壘。遠令巖邑慨然有保障全蜀之志壬午四月甫視事。卽以計擒誅狡賊秦纘勳等。先是蜀有搖黃賊之禍。秦纘勳者、川東石砫土司秦良玉族也。潛伏內地。爲賊耳目。已幷其黨誘執之。寘於獄。夜半殺獄卒逸去。吏請閉城大索。公曰無張皇擾民無益也。潛發書土司。授以方略。土司果擒賊至。悉斷其手足指矣。吏驚以爲神。公曰、吾策之審矣。賊踰獄。必以石砫爲逋逃藪。秦夫人方以勤寇効節朝廷。詎肯庇纘勳而隳功名乎。於是立決殺之。甲申正月。獻賊破夔門而入蜀中。大震。公知事迫。屢至蜀府請見。欲爲王陳守禦之策。不信。而內江王雅信公。公乃欲藉內江得之蜀。往說內江曰。人無愚智。皆知賊勢披猖。成都必及於禍。今蜀府貨財山積。不及今捐之募死士東向殺賊。一旦豕突疆場。軍民奔逸。誰爲王守此府庫乎。愚者斂財而府禍。智者轉敗以爲功。蜀中有險可憑。有兵可戰。特患無財可用。誠不愛萬金之賞。鼓勵行閒。臣等身編行伍。效死爭先。上賴朝廷威靈。猶可埽除寇亂。保全家國。不然、拱手授賊無爲也。且獨不見周楚之已事乎。先闖賊圍大梁。周王下令斬賊一級。賞五十金。賊以是不克而去。獻賊破武昌。閱初府私藏而不用。公以是激內江。內江心動。入爲蜀王言之。王內惜金錢。苟幸無事。以祖制辭。公見王府擁財不發。大吏握兵束手。一縣令孑立危城。欲戰守而無蚍蜉蟻子之卒。欲召募而無斗粟束芻之餉。張空拳上下叫號。而舉動掣肘。蓋至是而知事不可爲。不待城亡。罵賊之日。已自分必死矣。三月。闖逆陷京師。先帝殉社稷。六月。獻逆破重慶。殺巡撫。乘破竹之勢。鼓行而西。所過無堅壘。縱火焚掠。數百里煙焰屬天。漏刃餘民。扶老攜幼。號哭道路。西奔者日夜不絕。是月。成都火器局無故火發。燬廬舍軍民死無算。人情益洶洶。疑肘腋皆賊。蜀藩始懼。悔用公言不早。甫出財佐召募。而賊以水陸薄城下矣。八月五日。御史劉公之渤、總兵劉公佳胤、乘城而守。總兵出戰。大敗奔還。賊乘勢急攻。三日城陷。蜀王率其妃嬪自沈。并總兵自沈浣花溪。公與劉御史、及理刑劉士斗、成都令吳繼善等、俱被執。幽於大慈寺。是時賊有衆百餘萬。據成都。雄視全蜀。謂天下不足定。將卽僞位。乃遣其黨卽幽所饗諸文武。欲降之以備百官。而臨以白刃。賊固屬意諸大吏也。公奮然怒。從衆中躍而起。手擲案大罵逆賊死萬段。指其口曰。有口食賊肉耳。豈食賊粟哉。公長軀雅度。至是氣憤目光炯射。鬚髯戟張。揎袖指賊。罵聲響撼廊廡。出賊不意。相顧錯愕。奔告逆。遂殺公。時年四十有三。兩劉公亦同日死之。嗚呼、公自聞警以來。已決計於死。而今果死矣。當日法吏戎臣伏節而死者。枕籍道路。舍生取義。豈獨一縣令邪。然是日爲縣令而殉難者。惟公耳。

乙邦才

邦才、乙姓、字奇山、山東青州人。明愍帝時。以隊長從監軍太監擊賊河南江北間。主者未之奇也。總兵黃得功與賊戰於霍山。得功乘勝舍其大軍。單騎前逐賊。陷淖中。賊圍之數重。射殺得功所乘馬。得功亦仰面射賊。洞胸。與之相持。會天欲暮。所餘惟二矢耳。得功自分必不免。而邦才適自別道馳還。登高望見之。識其胄曰。黃總兵也。大呼。復馳之。賊散走。得功乃自拔上。邦才授以已馬。箙中矢。與之步從。得功且走且反射。凡殺追騎十餘人。始得及其大軍。於是得功稱邦才。以語主者。主者始大奇之。稍拔爲標下材官。而是時有張衡者。從總兵劉良佐。亦以驍勇知名。賊兵圍六安。危甚。提督馬士英帥軍救之。始至。立斥其左右副將而號於諸軍曰。孰爲乙邦才張衡者。入見。兩人廷謁。卽牒補副將。以其兵授之。出文書曰。爲我入六安。取太守結狀以報。兩人則應曰諾。卽出簡壯士二百騎。與之約。使人持一角。十人共建一纛。夜趨賊營。突貫賊圍陳。遂入城。週而呼曰。大軍至矣。城中人大喜。合譟。兩人者促太守具食。食已。揮太守曰。火速署狀。急懷其狀。復引騎冐圍出。賊大驚。既而知其爲邦才張衡。皆止不敢偪。既得報。竟不失一騎。自兵興之後。潁壽六安霍山諸州縣數被寇。邦才常在其間。大小十餘戰。破圍陷陳。所俘馘無算。主者或攘其功。或移諸他將者數矣。同列爲邦才不平。時時諷之使言。輒曰。謝諸君雅意。此我衆不惜死耳。我一人何能爲。終退讓不自言也。宏光帝卽位。史公可法出督師。願得邦才與俱。以總兵官駐揚州。未幾。清兵至。而邦才戰敗死。邦才形貌僅及中人。白皙拗準。猨臂而蠭腰。善投壺。

本不知書而進步安雅。敬禮士大夫云。

龔彝

永歷時。順寧龔彝以戶部尚書侍從至滇。滇陷。帝崩緬。彝往土司說之起兵。未及戰。帝已被執。兵乃止。彝出趙州。遇帝尾行至會城。具酒肉進謁。守兵不許。彝大呼曰。此我漢人君也。我爲其臣民。祇欲一見耳。何拒爲。守者啟吳三桂。三桂許之。彝得入。於堂上設宴。請帝出。朝禮畢。進酒。帝痛哭不能飲。彝伏地哭。不能起。更勸帝飲。强進三爵。彝哭拜不止。兩眼皆血。遂觸地死。帝拊之慟哭。幾仆。越三日。帝亦被縊。而明亡矣。

李定國

李定國初與孫可望同爲賊。賊人金公趾在軍中。爲說三國演義。每斥可望爲操卓。而期定國以諸葛。定國大感激。曰。孔明不敢望。關張伯約敢不勉。遂與可望左。及受桂王封爵。誓努力報國。洗去賊名。百折不回。徇身緬海。爲明三百年忠臣之殿。

明代軼聞卷一終

明代軼聞　卷二

義士傳

五人傳

天啟朝、逆璫魏忠賢扇虐諸卿大夫。以忠直被刑戮。怨憤徹閭里。匹夫匹婦。髮豎心傷。然未有公然發憤抗中貴。毆緹騎。不卹其身家之殞。惟義是殉。若蘇民之於吏部周公順昌者也。嘗讀天臚筆記。及詢吳中父老。未嘗不擊節慨慕之云。初吏部負人望。謁告家居。時切齒朝事。令不便於民者。輒請之當事。蘇人德之。會都諫魏公大中被逮。所過州邑。莫敢通吏部。輕舠候吳門。相持哭。罵忠賢不去口。為約婚姻。奏樂炙酒。累日乃去。璫聞之怒。璫所私御吏倪文煥。劾吏部黨。奸人削籍。固已人人自懾矣。天啟六年。織造中使李實。以忠賢旨。復坐講學聚徒。與都御史高公攀龍、御史周公宗建、諭德繆公昌期、御史黃公尊素、李公應昇。俱逮治。詔使至蘇。吏部慨慷自若。而蘇民無少長皆憤。五人其最烈云。五人曰顏佩韋、曰馬傑、曰沈揚曰楊念如、曰周文元。佩韋賈人子。家千金。年少。不欲從父兄賈。而獨以任俠游里中。比逮吏部。郡人震駭罷市。而詔使張應龍文之炳者。虐於民。民益怒。顧莫敢先發。佩韋於是爇香行泣於市。周城而呼曰。有爲吏部直者。來市中。或議。或詢或泣或切齒詈。或搏顙籲天。或卜筮占吉凶。或醵金爲贐。或趣裝走京師撾登聞鼓。奔走塞巷衢。凡四日。夜洎宣詔。諸生王節楊廷樞文震亨徐汧袁徵等竊計曰。人心怒矣。吾徒當爲謁兩臺以釋衆怒。又謂父老毋過激。激祗益重吏部禍。父老皆曰諾。乃相與詣西署。將請於巡撫。都御史巡撫毛一鷺。璫私人也。是日吏部囚服。同吳令陳文瑞由縣至西署。佩韋率衆隨之。而馬傑亦已先擊柝呼市中。從者合萬餘人。會天雨。陰慘晝晦。人拈香如列炬。衣冠淋漓。履屐相躪。泥淖沒脛。舁吏部昇肩輿。衆爭弔吏部枳道不道前。吏部勞苦諸父老。佩韋等大哭。聲聞數里。移時抵西署。署設幃幕儀仗。應龍與諸緹騎立庭上。氣張甚。最下陳鋃鐺鈕鐐諸具。衆目屬哽咽。節震亨等前白一鷺及巡按御史徐吉曰。周公人望。一旦以忤璫就逮。禍且不測。百姓怨痛。無所控告。明公天子重臣。盡請釋之。以慰民乎。一鷺曰。奈聖怒何。諸生曰。今日之事。實東廠矯詔。且吏部無辜。徒以口舌賈禍。明公剴切上陳。幸而得請。吏部再生之日。卽明公不朽之年。卽不得請。而直道猶存。天壤明公所獲亦多矣。一鷺張周無以對。緹騎以目相視。耳語謂若輩何爲者。訝一鷺不以法繩之。而楊念如沈揚兩人者。攘臂直前。訴且泣曰。必得請乃已。念如故閶門粥衣人。揚故牙儈。皆不習吏部。并不習佩韋者也。蒲伏久之。麾之不肯起。緹騎怒叱之。忽衆中聞大聲罵忠賢逆賊者。則馬傑也。緹騎大驚曰。鼠輩敢爾。速斷爾頸矣。遂手鋃鐺擲階砉然。曰囚安在。速檻報東廠。佩韋等曰。旨出朝廷。顧出東廠耶。乃大譁。而吏部與人周文元者。先是鬪吏部逮。號哭不食三日矣。至是躍起直前。奪械。緹騎笞之。傷其額。文元憤。衆亦俱憤。遂起擊之。柄之柄。跳。衆羣擁而登。欄楯俱折。脫屐擲堂上。若矢石落。自緹騎出京師。久爲驕橫。所至淩轢郡邑長。唯唯俟命。蘇民之激愕出不意。皆踉蹌走。一匿署閣緣桷。桷動驚而墮。念如格殺之。一喻垣仆淖中。蹴以屐。腦裂而斃。其匿厠中翳荆棘者。俱搜得殺之。一鷺吉等皆走匿。王節等知事敗。而嘗衆氣方張。時卽欲前諭之不可得。諸父老練事者亦旋悔。稍稍散。是日也。緹騎之逮御史黃公尊素者。適船次胥江。掠於郛。執市人撻之。郛人聞城中之毆緹騎者。亦毆之。焚其舟。擠水中。次日雨霽。鄉大夫素服謁兩臺。策以所敉定地方。而一鷺則夜密書飛騎白東廠。且草疏告變矣。檄下縣曰。誰爲聲析聚衆者。誰爲爇香號哭者。誰爲驍雄賈勇者。黨罪囚而戕天使者。必悉誅無赦。始衆以吏部故。用義氣相感發。五人一呼。千百爲羣。聞捕誅。稍稍懼。五人毅然出自承曰。我顏佩韋、我馬傑、我沈揚、我楊念如、我周文元。俱就縶。曰。吾儕小人。從吏部死。死且不朽。及吏部死詔獄。五人亦斬於吳市。談笑自若。先刑一日。暴風雨。太湖水溢。而廣陵人則言文煥居晝坐。忽忽見五人嚴裝仗劍。旌旆導吏部來。忽不見。庭井石闌飛起。舞空中。良久乃墮。聲轟如雷。明年。烈皇帝卽位。忠賢伏誅。吏部子茂蘭刺血上冤狀。詔卹吏部。誅文煥。蘇士大夫卽所夷璫祠廢址。裒五人身首。合葬而立石以表之。

古達可戴國柱合傳

史公可法總督漕運巡撫淮揚時。聞其地有古達可戴國柱二人者。慷慨有奇氣。卽召入署。與之談時事。二人忠勇溢於眉宇。所論多中肯。史公美之。譽爲好男兒。令守睢城。戴以親老辭。古乃獨駐睢焉。睢城不滿百里。士卒又羸弱。古下車後。深以寇侵爲慮。蓋當時盜賊橫馳中原。所至輒蹂躪無免也。會戴往訪古公。古卽以所慮告戴。不禁失笑曰。兄何憒憒。忠義氣播。民卽兵也。賊至邀戰之可。是時。弟必有以助兄。古遂拊掌稱是。戴亦辭別。及懷忠十四年。流寇袁時中起。勢燄張甚。古致書戴公。約共擊賊。戴諾焉。集壯夫百人。以與古兵合。並曳火炮以助戰。遇賊於凌城廟前。卽矢石俱發。繼以火炮。賊衆死者紛紛。既而賊大隊至。爲數可數千人。悉慓悍善戰。圍古戴二公兵三匝。古戴二公仍從容談笑。指揮兵卒。不露惶態。並親以火炮燃擊賊。人勢猛甚。賊幾不支。然賊中有善魔魅法者。以裸婦人列陣前。砲發輒反震。因之已死者與賊埒。而古戴二公亦身受重創矣。顧猶揮刃力戰。不少却。及頭斷。身猶僵立不倒。

揮兩臂以撲賊賊驚退方止然而户横血流。二公及部下卒竟無一生還焉。史公尋知其事。遣使致祭於凌城廟前立忠義塜以瘞之。塜成後近旁草木悉成赤色說者謂二公赤膽熱血之所染。嗚呼眞烈丈夫哉。宿遷倪瑞璜曾有詩詠之云。秋風嗚高空。亂峯下斜照。老樹杪横天。蒼黃覆古廟。入門捫殘碑。太息拜遺貌。憶昔明運衰。羣盜起聚嘯。勦撫兩失策。蠭蠆變虎豹。所過無堅城。蒼生任凌暴。二公眞人豪。忠貞出天造。金鐵冶成心。冰霜厲寒操。賊鋒一朝來。矢石躬親冒。官小誓捐軀。力薄那自料。慷慨互爭先。從容共談笑。燃炮擊賊人。天地爲震悼。賊用魘魅法。蟻聚蜂屯到。衆寡勢不當。頭斷臂猶掉。成仁併取義。日月爭光耀。碧血灑平蕪。賊馬不敢蹈。至今壙野中。白日常見燒。如何八十年。薦紳少憑弔。姓氏已稀傳。父老猶相告。蘭臺事纂修。幽聞闡光耀。誰爲秉筆人。搜求不遺奧。

無名義士傳

明末多奇人義士。惜在中原鼎沸之秋。多湮沒不彰。與三百年大明江山同歸於盡。

胡塵滾滾中。正不知埋沒卻多少好男兒。滋可慨歎也。滿人竊據燕都。時丙戌某月日。有壯士二十二人來錢塘大遮山下。皆虎軀虬髯。目欲迸火。拔鎧仗劍免冑而叩東明寺門。呼僧炊米三斗。屑豆一斗作乳。倉猝具食。僧異之。問飽乎。曰未也。亦不願飽。飯後循寺廊入。見明建文帝像。則拜而泣下。一人在前。餘隨後。不敢並。已而求浴。露褻衣。見血痕殷駁。膚如刻漆。人臂二弓。腰二銃。試彈飛雀。輒應手墜。不失一。鎧仗皆精鐵。重可百餘斤。其前向拜者。挽鐵鞭。亦重數十斤。運動敏捷。如揮麈柄。問邑里姓氏。不答。聞其聲。知爲北人。問何往。則淚涔涔承睫。曰吾糗盡。吾遍歷全國。無可與共事者。吾安往邪。僧曰。三吳富可就也。曰取三吳。未能集事。且吳兒安可與者。曰然則離世綱。託空門乎。默不答。僧曰。今滿兵棋布。巡邏嚴設。出遇醜虜者。危矣。壯士大呼曰。吾仗劍行數千里。先後遇彼醜。何啻千百。悉膏吾刃也。僧曰。此去天目民寨百餘所。其頭目皆以義師相號召。曷往觀之。曰吾知之。若輩羣盜耳。毋污氏。因問去湖州幾何程。僧告以湖州多守兵。曰吾固欲尋守兵以賈餘勇。遂冑而去。越日還。曰吾此行殊快。彼虜五百人盡矣。已而慨然歎曰。吾多殺人何益。且吾所以來。豈仇若輩哉。二十二人者均擲身於碧浪湖死之。嗚呼烈矣。

桑山人傳

山人許姓。汴人。少舉茂才。崇禎中嘗獻勦賊三策於閣部督師楊君。不用。既而爲東平侯劉澤清幕客。與澤清語不合。辭去。鄉人怨家發其隱事於清師之鎭汴者。走匿桑下。因姓桑。號桑山人。山人乃與嵩陽曹道士游。夜坐耳鳴。絲竹徐發。若有物拔其頂。聳身丈餘。骨節皆通。嘗賣藥嵩山廟市。以水酌喑者能言。許州小男爲狐所苦。呼狐斬之。既還汴。怨家見曰。此許澄茂才也。帥捕十許人跡至山人。乃獨身指揮。盡縛諸捕者。揖怨家去。謝之而身遊衡陽不返云。

沈百五

明末崇明有沈百五者。字廷揚。家甚富。曾遇洪承疇於客舍。是時洪年十二三。相貌不凡。沈以爲非常人也。見其窮困。延之至家。幷延其父爲西席。卽課承疇。故承疇感其德。嘗呼沈爲伯父。後承疇已貴。適山東河南流賊橫行淮河。糧運輒阻。當事者咸束手。於是洪薦百五。百五乃盡散家財。不請帑藏。運米數千艘。由海道送京。思陵召見。授戶部山東淸吏司郎中。加光祿寺卿。不數年。承疇已降淸。百五獨不肯脫身走海外。尙圖結援。爲淸兵所獲。洪往諭降。百五故作不識。曰。吾眼已瞎。汝爲誰。洪曰。小姪承疇也。伯父豈忘之邪。百五大呼曰。洪公受國厚恩。殉節久矣。爾何人斯。欲陷我於不義乎。乃揅洪衣襟。大批其頰。洪笑曰。鐘鼎山林。各有天性。不可强也。遂被執至江寧。戮淮淸橋下。妾張氏收其屍。盡鬻衣裝。葬之虎邱東麓。廬墓二十年而死。初百五結援時。手下有死士五百人。沈死後。哭聲震天。一時同殉。殆有慘於齊之田橫也。

張義士

張義士名鳴。本吳門樵者。以勇著。明神宗時。稅璫四出。省會之地。無不騷擾。而吳門爲尤甚。羣小附和者。輒稱稅官。冠帶咆哮。市中蔬果魚肉之類。一出一入。亦不能免。郡縣不能制之。張不勝其憤。號呼集衆。晨擁入局。縛稅璫沉諸城濠。官吏聞警至。衆皆星散。張獨被獲。官吏既得張。令供同黨。張大罵曰。毋多言。男兒死耳。彼魏賊無恥之宦者耳。後日必覆我國。余今忤彼奸賊而受戮。是爲國而死。爲國而死。死亦有榮。若汝等者。食國家之厚俸。而助彼無恥之奸賊。斯乃生不如死耳。上官聞之。怒。報於魏璫。乃寸殛之。後蘇人感其義。遂稱以張義士云。

徐佐明

徐佐明羅店西鄉人也。父耀爲鄉中老拳師。以佐明生而多力。令習拳技。且勉之曰。吾兒能致力於武事。功名應赤手致。於是佐明專心拳技。長短槍戟外。尤善鐵棍。棍重六十斤。長六七尺。舞時風鳴葉落。地塵滾滾起。人雖欽其勇。而佐明未嘗以此自矜。鄰人吳宏宇重其人。間嘗爲之講述古來英雄豪傑忠臣孝子事。遂與宏宇成莫逆。崇禎殉國。宏光帝卽位南都。不一年而南都陷。郡縣多降清。政府乃下薙髮令。有留髮不留頭。留頭不留髮之宣言。士民洶洶。義兵遂起。羅店自唐景曜首倡拒守。後諸鄉義兵不期而集。佐明亦率鄉中拳勇少年往投之。景曜以其忠勇。命守曹巷。時吳宏宇已降北聞佐明守曹巷乃即馳至欲動以舊情而投之降佐明乃仰天大笑曰。是何言邪。數天前先生爲余講述之英雄豪傑忠臣孝子事。某迄未敢忘。今先生欲余降。是教人以不忠也。奚可哉。奚可哉。先生如更言者。吾不能再復念舊情矣。宏宇欲再言。則已被佐明推出門外。顧宏宇仍徘徊門外。乃叱曰。不速去。行將斫汝頭顱。宏宇慚走。自後成棟兵每乘夜來攻佐明。藉寒佐明之膽。而使之降也。蓋亦宏宇之計。又數日。羅店破。宏宇遍覓佐明不得。後於市北玉皇宮前空地上見一尸僵臥血泊中。右手猶緊握鐵棍。清兵數十人亦僵臥其旁。宏宇審知爲佐明。乃哭曰。早從吾言。不及此。尸忽躍然起曰。何哭爲。男兒殺賊而死。死有餘榮。言訖。遂踣於地。宏宇厚葬之。塚至今存焉。

孔師

明邑諸生孔師、城北三十里殺虎墩人也。堅謹好學。有膽略。家貧。藉授徒以餬口。有餘。輒以恤孤寡。以是頗得鄉黨譽。宏光末。福王沒金陵。清兵東下。連破江陰嘉定松江。挫魯王於紹興。一再戰勝。勢彌熾。縱兵屠掠。兵至南匯。戮數鄉民。曝諸野。邑人惴恐。皆莫敢趦趄。師聞之。心惻然慟。枕尸而哭之哀。見者義之。師乃築壇召衆。集其下。自登壇向衆曰。何物滿虜。據我神京。夷我社稷。屠我人民。攘我河山。是我不共戴天之仇也。坐視戎狄肆淫。祖國淪亡。不執戈橫槊。衝鋒殺敵。何以報食毛踐土之恩。今者地已坼。山已崩。草也木也。已無所附。不摧自殘矣。又奚顧身家妻子。爲爲父老計。厥有三策。斬荊爲兵。揭竿爲旗。登高而呼。如楚之戍卒。上也。披賊之胸。擷賊之項。摧賊之首。如燕之荊卿。中也。次也。杲卿罵賊。文山死義。不虧大節。又次也。次焉者又次焉者。師雖屠文。猶能自任。其上焉者。願與諸父老共圖之。言迄。縱聲大哭。衆亦隨哭不能仰。皆願聽命。師復曰。師嘗聞先民之言矣。泰山之霤穿石。單極之綆斷幹。謂弱足勝強也。吾人今者起事。是以微弱而敵暴虜。不啻螳臂當車。然蜂蠆能螫毒。未始非自衞計。倘天佑大明。義旗一舉。四方影響。則事大可爲也。嗟乎、國家糜爛甚矣。抗亦亡。不抗亦亡。危至此而猶偷生苟活。是殆無心肝者矣。諸父老願從上計者。其左祖。衆皆左袒。於是師草檄號召義師。不二日。負耜提斧而集者十餘萬。衆編爲三師。一師出西北鄙。一師出西南鄙。一師居中。三路三師而進。所以分敵之勢也。師統中師。餘二師。遣有夙望者統焉。行陣進退。一取決於師。厲兵秣馬。將鼓而西矣。清督師聞之。大怒。親率勁旅。舳艫十里。順流而下。迫師師師與戰。鼓不停桴。晝以繼夜。知進不知退。筋疲力盡。猶呼嘯馳突。殺聲動天地。血流漂鹵。骸骨橫於途。師以烏合之衆未經訓練。亦無良兵。而頻戰頻北。由是地盡喪。師盡沒。而師卒被俘。桎梏於牢籠。師大聲罵賊。督師怒。欲殺之矣。督師左右以爲師衆所重。不如暫留以招致潰匿者。而後磔之。乃已。師將士縛者甚衆。有爲利所動。意欲降。師大怒曰。男兒死耳。毋遺祖宗羞。若犯初志。是狗彘行矣。將士爲所感。亦大罵賊。罵不肯已。時魯王遯入海。唐王潰福建。桂王輾轉棲無定所。師聞之。撫胸泣曰。是天禍明也。夫復何言。越二日。招致潰匿者無所得。督師下令殺師。師乃慷慨就義。臨刑。環而泣者數千人。師猶向衆曰。師今已矣。所戀戀不忍捨者。百萬生靈耳。不知繼師者何人。以濟之於塗炭也。嗚呼、誠所謂天作孽不可爲邪。嗚呼、師今已矣。首既斷、懸之通衢、顏色不變。衆竊下與尸合瘞焉。清師偵知謂犯禁例自殺虎墩東西南北十餘里間不論男女老少盡屠之。死者枕藉。慘狀不忍覩至今父老都能道其概焉。

王義士

王義士者、失其名。泰州如皋縣隸也。雖隸。能以氣節自重、任俠好義。甲申國亡後。同邑布衣許元博德溥不肯薙髮。刺臂誓死。有司以抗令棄市。妻判當徒。王適値解高德溥之義。欲脫其妻而無術。乃終夜欷歔不成寐。其妻怪之。問曰。君何爲彷徨如此耶。王不答妻又問曰君何傍徨如此邪。曰非爾婦人所當知者。妻曰君勿以我爲婦人也而忽之。勿言。君第語我。我定能爲子籌之。王語之故。妻曰子高德溥之義而欲脫其妻。豪傑之舉也。誠能得一人代之可矣。王曰然。顧安得其人哉。妻曰吾當成子之義。願代之行。王曰然乎戲耶。妻曰誠然耳。何戲之有。王乃伏地頓首以謝。隨以告德溥妻。使匿於母家。而王夫婦卽就道。每經郡縣驛舍就驗時。儼然官役之解犯婦也。歷數千里抵徙所。風霜艱苦。甘之不厭。於是臯人感之。歛金以贖。夫婦乃終老於家焉。

徐氏夫婦

徐尚廉、字潔人。太倉之南村人。性豪爽。好施與。喜習武具。所交皆當時遊俠士。一日有年可二十餘之女子臨其家。修眉入鬢。妙目天然。兀坐堂隅。默不一語。察其意似有求於尚廉者。尚廉異之。饋以衣食。且致敬。然女喜甚。乃曰。妾名鶯娘。姓沈氏。亦曾識字讀書。父母均已物故。吾父生前負絕技。爲武當陳州同之入門弟子。曾隸袁督師麾下。寡兄弟。以絕技傳妾。臨命時。泣謂妾曰。今闖賊已起。所過蹂躪。民不堪命。在朝諸臣。咸置國事於腦後。明祚恐不長矣。汝曾習武技。宜得一忠勇者而事之。汝雖女子。亦得效命疆場。圖報國恩於萬一。汝既無叔伯。終鮮兄弟。此事汝自主持。余不能預爲謀焉。妾識之不敢忘。自是遨游南北。求一可與共事者而事之。乃杳不可得。今來是邦。聞市人道君豪跡。妾思君必非以勇武自豪者。當有不能忘者在。故敢造門求見。非敢有乞於君。實不可明言者在焉。及觀君言論丰采。不覺令人起敬。願得侍巾櫛。以成妾志。尙廉聞鶯娘言。覺語語打入心坎。熱血爲之澎湃。遂擇日合巹焉。却扇之夕。鶯娘又謂尙廉曰。今雖燕爾新婚之夕。亦爲枕戈待旦之時。闖賊一日不滅。雖有田園萬難安享。今北京已破。皇帝殉國。南都方起勤王。吾夫妻宜效力天家。誅彼逆賊。以成君名。而遂妾志。尙廉於是託其老母於從弟尙淸。投揚州史督師。鶯娘易服以從。時滿人入關。闖賊西走。尙廉請於督師。欲自率一軍北伐。督師爲之動容。祇以餉缺而罷。宏光乙酉三月。滿兵取山東河南諸郡。直逼淮揚。斯時總兵左良玉稱兵犯闕。督師遂遣尙廉入援。大敗左兵於燕子磯。督師嘉其功。擢爲副將。旣滿人大舉南下。鼓聲震天。民皆逃竄。尙廉夫妻飛騰而出。仗劍夜焚其營。刃殺其將。守兵乘之。滿兵遂大亂。間風奔竄。搜其輜重而還。督師大喜。謂之曰。君眞勇而有謀者也。自是聲威大振。避難者咸集揚州。當時滿兵之不克遽破揚州者。尙廉夫婦之力也。四月。睿親王多爾袞自將來攻。圍之數重。然猶不能直逼城下。後以軍餉缺乏而破。督師殉節。尙廉負尸葬郭外之梅花嶺下。泣囑鶯娘曰。吾今往從督師於泉下。不能南歸。卿其善事吾母。遂自刎於督師之墓旁。鶯娘掘坎埋之。泣拜而歸。時尙廉之母已死。且葬矣。鶯娘泣曰。妾之所以忍死須臾者。徒以有年邁之姑在也。今已矣。亦拔劍自刎。死後於尸旁得一遺書。略謂尙廉已從督師死。今葬揚州城外梅花嶺下。妾死。當與吾夫合葬。他無所言。尙清閔然泣下。爲之運櫬往揚。與尙廉合葬焉。

拽梯郎君

崇禎紀元二年、滿兵入宣化。薄京。下永平而攻昌黎也。俘掠人民以萬計。驅使之如牛馬。是時昌黎知縣左應選與其士民嬰城固守。而敵攻東門甚急。有一健兒爲昇雲梯至城下。登數人將上矣。乃有人曳而覆之。其帥磔諸城下。積六日不拔。引兵退。城賴以全。皆拽梯者之力也。四年、武楊陵公嗣昌以巡撫至昌黎。聞其事。曰是拽梯者雖不知何人。亦百夫之特。乃具疏陳請旨封爲拽梯郎君。爲之立祠。又二十年。崑山顧炎武過昌黎東門。綴遺事爲記。豐碑殘碣。今當猶有存者。高山仰止。景行行止。

雖不能至。心嚮往之矣。

嘉定之勇士

明季嘉靖時。嘉定屢有倭寇之亂。出沒無常。邑人受其刼掠者。不可勝計。有丁馬二人自鳳陽來、身長俱八尺。臂力過人。亦不詳其名氏。僅自稱曰丁千斤。馬八百。二人時角力以富家門前之石鼓互相投擲。如弄鐵丸。然路人見之者。莫不歎羨曰。壯士壯士。既來邑。慷慨語人曰。天既惠吾以勇力。義當殺賊。爲地方死。寧忍倭寇跳梁中原。淪陷以使嘉邑生靈塗炭邪。言時、聲淚俱下、聞者凄然。邑令乃器重之。並欲具奏上聞而官之。二人曰。吾等爲殺賊來。爲救民來。豈爲作官來耶。堅却不受。一日倭寇又屢至。二人毅然請往剿。丁躍馬先出。揮鞭亂擊。賊望風披靡。中有狡黠者。鞭未及身而佯墜於地。丁方徐徐下馬。取其首級。墜者忽躍起。以刃斬丁足。丁踣。賊衆復集。羣以鎗刺之。丁被數十創。仍躍起力鬭。殺數十人。力竭而死。馬八百後至。又大呼殺賊。賊且盡。馬抱丁尸而泣曰。君死矣。吾何生爲。買棺殮丁尸。辭邑令而去。不知所終。

後倭寇又來犯。薄西門。偵守者酣睡。梯而登。已及女牆。有童子起挑燈。見之。大呼賊至。衆驚覺。急投石擊退之。及回顧童子。卽已身首異處矣。衆爲泣下。邑令賁之。爲立石像於城闉之東。至今在焉。

許仁

明嘉靖時有許仁者。口操北音。未詳其籍。身短微髭。業操舟。結廬浦江東。人咸呼爲許矮子。素習水性。洪濤巨浪中能蜷伏經時。每遇大風海溢。必掉小舟巡視浦濱。救援覆溺。而不索酬。人咸德之。時有外人糾合內地奸民。來擾沿海各省。而江浙爲尤甚。一日許駕一小舟於海外。而敵適至。許急欲躍入海中。已不及。竟爲所擒。敵既得許。謂之曰。汝若願爲我輩之嚮導。則後日不獨生還。汝且當酬汝以重金。許不待其言畢。遽切齒大罵曰。我乃大明知禮識義之大丈夫。安肯爲敵人作嚮導而傷害我自己親愛之同胞哉。汝休妄想。敵婉轉勸之。許仍大罵不止。乃殺之而沉其屍於海。

江天一

江天一。字文石。徽州歙縣人。少喪父。事其母及撫弟天表。具有至性。嘗語人曰。士不立品者。必無文章。前明崇禎間。縣令傅巖奇其才。每試輒拔置第一。年三十六。始得補諸生。家貧屋敗。躬畚土築垣以居。覆瓦不完。盛暑則酷暴日中。雨至淋漓。蛇伏或張繖蓋自蔽。家人且怨且歎。而天一披書吟誦自若也。天一雖以文字知名。而深沈多智。尤爲同郡金僉事公聲所知。當是時。徽人多盜。天一方佐僉事公用軍法團結鄉人子弟。爲守禦計。而會張獻忠破武昌。總兵官左良玉東遯。麾下狼兵譁於途。所過焚掠。將抵徽。徽人震恐。僉事公謀往拒之。以委天一。天一腰刀抹首。黑夜跨馬。率壯士馳數十里外。與狼兵壘戰祈門。斬馘大半。悉奪其馬牛器械。徽賴以安。順治兩年夏五月。江南大亂。州縣望風內附。而徽人猶爲明拒守。六月。唐藩自立於福州。聞天一名。授監紀推官。先是。天一言於僉事公曰。徽爲形勝之地。諸縣皆有阻隘可恃。而績溪一面當孔道。其地獨平迆。是宜築關於此。多用兵守之。以與他縣相犄角。遂築叢函關。已而清兵攻績溪。天一日夜授兵登埤。不少怠。間出迎戰。所殺傷略相當。

於是清兵以少騎綴天一於績溪。而別從新嶺入。守嶺者先潰。城遂陷。大帥購天一急。天一知事不可爲。遽歸屬母於弟天表。開戶大呼我江天一也。遂被執。有知天一欲釋之。天一曰。若以我畏死邪。我不死。禍且族矣。遇僉事公於營門。公目之曰。文石、汝有老母在。不可死。笑謝曰。焉有與人共事而逃其難者乎。公幸勿爲吾母慮也。至江寧。總督者欲不問。天一昂首曰。我爲若計。若不如殺我。我不死。必復起兵。遂牽諸通濟門。既至大呼高皇帝者三。南向再拜訖。坐而受刑。觀者無不歎息泣下。越數日。天表往收其屍。瘞之。而僉事公亦於是日死矣。當狼兵之被殺也。鳳陽督兵馬士英、怒疏徽人殺官軍狀。將致僉事公於死。天一爲齎辨疏。詣闕上之。復作籲天說。諸貴人。其事始得白。自兵興以來。先後治鄉兵三年。皆在僉事公幕。是時幕中諸俠客號知兵者以百數。而公獨重天一。凡內外機事。悉取決焉。其後竟與公同死。雖有義烈之士。無以尚也。

新會兩生傳

阮大年者、明季新會諸生也。少落魄。不修邊幅。在諸生中。亦無所知名。獨事母孝。母歿。負土成墳。日至墓所。旋繞而哭。三年以爲常。甲申歲。聞神京陷。崇禎殉國。卽慟哭不食。久之乃食。或謂之曰。聞賊入京城。諸肉食者皆乞憐馬蹄下。得美官。子獨何爲。曰。嗟乎、此予所以欲死也。卽日爲號召其鄉人欲以舉事。逾數月無應者。乃駕扁舟走厓門。哭於楊太后廟中。沿涯蛋民聚而觀之。皆爲感泣。生爲陳說忠義。諭以舉事狀。皆曰諾。願從君所爲。生知其可用。乃偏閱漁舟。可百餘艘。人可四百餘。衆乃復約令卜日與俱。屆期而李生適至。李生者、名子俶。亦新會諸生也。素謹厚。家故饒。值歲洊饑。出粟以賑。鄉人德之。比聞國變。乃率其鄉人書大行皇帝爲位。以哭於家廟中。遠近來觀者皆感泣下拜。生曰、自高皇帝創業以來。迄今垂三百年。我等祖父子孫皆食其福。生爲明民。死爲明鬼。不亦可乎。中有壯士三十人出。攘臂前曰。苟君舉事。有不從死者。非人。生曰。盡書名。於是旬日得五百餘人。是時新會巨盜聚夥崑崙山中。時出肆掠。生使人往招之。則皆如約。合之得千六百餘人。生乃毀其家。具舟筏備芻糧。刻日偕赴。及聞阮生在匡門。欲過與俱。初二子素不相識。及相見。抱持大哭。一時旁觀者。皆髮指皆裂。憤不欲生。生曰、今留都擁立有年矣。盍往赴之。衆皆如約。乃從海道進。發至中途。颶風大作。覆溺漂散者幾半。逡巡久之。將及崇明。聞留都已敗。諸從行者亦稍稍散去。兩生知事不濟。獨與十人反其鄉。比聞台州監國而閩越互相水火。皆策其無成。故未動。居久之。聞黎遂球舉事贛州。聲頗振。決往從之。乃與家人訣。時左右無人。從者獨二子。攜持同行。踰庾關下贛水。謁黎於軍門外。時遂球軍令戒嚴。爲其鄉人也。見之。卽叩兩生來意。對曰。欲從公覓一死所耳。遂球以其言不利。姑置之。未幾。清兵南下。城陷。遂球遇害。二子各持短兵。力刺數人。皆死於亂兵中。

銃手死義

天啟初。永寧蠻酋奢崇明與子寅。據重慶。反陷瀘州遵義新都內江。進圍城都。時布政使米燮元、周著、按觀使林富等。分門固守。奢晝夜造雲梯。督率攻城。垂克矣。一銃手在賊梯上。得間向城內言曰。我良民也。賊以鐵索繫我守梯。我仰天發銃。未嘗向官軍也。今夜賊飮必醉。可來救我官軍。如其言。夜出斫營。火其梯。賊無得脫者。而銃手亦死矣。朱燮元以退賊功。擢僉都御史撫四川。若銃手者。則招魂何地。青史不彰。古來忠臣義士。非慕名而爲之。如是多也。

黃氏三傑

明嘉定黃姚里者。以漁爲業。積貲財巨萬。年四十。後連舉三子。長曰亮、次曰龍、次曰明。三人皆生有神勇。矯捷善鬬。能捍衞鄉里。因稱黃氏三傑。時濱海多盜。恆晝刧村鎭。惟黃所居周數十里不敢犯。嘉靖時。賊鄧才郭俊等掠嘉定上海等處。游擊周顯指揮蕭尙仁等死焉。賊縱火焚廬舍。殺傷兵民甚衆。官悉遁走。亮及諸弟因謂父曰。寇掠婦女擄財物而不去。將爲我鄉害。當事者又不惜民命。聞警卽逸。若不集義兵痛加剿殺。沿海居民無安枕日矣。我將曉村人以大義。誓師滅賊。父許之。諸弟兄皆大喜。乃豎義旗。召鄉人語之曰。今海盜以野蠻之行爲。殺我大明之人。掠我大明之物。今且及我鄉。君等皆大丈夫。曷不從余去殺賊。衆咸呼曰。願去。於是片刻間竟得六百餘人。號黃家兵。時郡司馬任杰有將略。麾下多勇敢士。三傑往見。禮以上賓。每赴敵。以黃氏兵爲前軀。先後破賊多次。斬獲甚衆。一日賊大集於七里村。官軍與戰。已失利。三傑大呼直前。一躍數丈。力斬其酋。官軍繼之。羣賊遂敗。而三傑亦於亂軍中被殺矣。任司馬聞之。哀痛數日。爲之請於朝。厚卹其家。

彭鐵匠

彭鐵匠。淮北人。粗知文義。每於爐鍛之暇。輒把卷自娛。好讀說岳及三國演義諸書。復慕關壯繆岳武穆之爲人。市兩公繪像於家。朝夕進香火焉。時明綱解紐。內亂騷然。戎馬頻年。民皆樂死。而倭夷乘我有內顧憂。復頻寇沿海淮徐一帶。遭其荼毒慘不可言。居人皆切齒戴髮。恨不能生啖其肉。每三五聚談。莫不目眥盡裂。然轉問將以何策自救。則咸噤口蹙眉。不能聲。村中有大戶孔百齡者。任俠好義。至是忿不欲生。乃置酒召父老子弟。共議所以拒寇之道。酒三巡而議。酒盡猶未決。或有感惕涕下者。彭鐵匠厠末座。仰天笑曰。漢朝公卿。晝哭到夜。夜哭到明。能哭死董卓否。今日之事。亦猶是也。諸父老昆弟不思決計立謀。殺寇禦侮。徒嚶嚶作孺子泣者。何耶。於是席中皆錯愕。嘻曰。彭鐵匠、汝乃夸言邪。試問汝將何以教我。彭鐵匠曰。寇聚我散。寇勇我怯。故我常犧牲於寇。爲今之計。首宜團結人心。鼓舞勇氣。以村之青年共守備。糧食所出。則各傾家以滿之。婦孺老弱。則爲之接應輜重。寇至則出殺。不勝則死之。寇雖衆雖强。苟吾村一人猶存者。猶必爲寇樹一敵也。則寇又何懼哉。戰亦死。不戰亦死。又不必束手以待僇辱邪。衆咸拊掌曰。善善。彭鐵匠之言善。我儕苟不協力一心滅此暴寇。神明殛之。推百齡爲之長。而鐵彭匠乃盡出其平日鑄造之刀。給衆士。不足。則以耰鋤鏟斧繼之。褰裳厲兵。潛聲以待。而倭寇未之知也。方自嘉定飽掠歸。意猶未饜。以爲淮民之懦可蹂也。復率衆而來。彭鐵匠聞耗。急號於衆曰。寇至矣。其入必以南大道。南大道之旁有兩義塋。松柏甚茂。可以伏軍截敵。敵尾今有願隨吾殺賊而雪此恥者。袒其胸。於是人盡袒胸。彭鐵匠乃擇壯士三十人。腰刃挾矛而出。臨行。語孔百齡曰。呰內之事。公自主之。敵至。公可出殺之。吾以吹角爲號。角鳴則奮力夾攻之寇可盡殲也。百齡唯唯。未幾倭酋率衆至坦然行坵墟。蓋以此邦之人固久奄奄無生氣矣。子女玉帛不啻外府。何用勞心也。行且入郝。郝沉沉不見人影。寇頗驚。方驟馬而前。郝嘩呼自壕間出。揮兵賊呼聲動天地。寇大驚惶遽迎敵。自相踐踏而死者不可計。然敵甚衆。憤極踐益力。村民亦多死傷者。氣殊不少衰。孔百齡左脇被創。血洒洒出。不退。方死戰之際。而角聲嗚嗚自陣後起。彭鐵匠瞋目大呼殺賊。巨刃橫空。光閃閃如飛雪練。刀光過處。寇首紛紛墮如雨。壯士三十人從之。勢若數萬衆。直衝寇軍。寇咸震慴失措。負命而逃。其酋獨勇甚。舞長矛徑刺彭鐵匠。鐵匠大呼迎之。寇反奔。彭急追之。蹈凹而顛。寇乃回矛刺彭。洞其胸。彭大怒。以手拔矛擲之。寇酋仆於丈外。彭飛刃斷其首。乃仆。從者見彭死。益憤。圍殲倭寇如刈草。血泊泊流有聲。寇盡。乃共仰天歎曰。勇哉彭鐵匠。竟爲我殲此暴寇矣。因尋得其屍。優予殮葬。而孔百齡養其妻孥以終焉。自是之后。倭之寇淮北者。因以斂迹。

油坊匠

油坊匠、不詳其姓氏。崇禎十二年來羅店。季姓油坊雇之。爲人誠實。勤於職務。身長八尺。食非斗米不飽。力過健牛。以故油坊中工匠咸拜下風。坊主以其忠也。命主坊事者數年。一日忽向主人曰。數年賓主。多眷顧。無以報大德。今去矣。敬謝賢主人。主人曰。君此去將焉往。匠曰、方今中國內有闖賊弒君之仇。外有異族滅國之慮。內亂外患。相逼而來。余既爲大明百姓。丁此時艱。當爲國效力。他日誅彼小醜。還我大明。再與主人相見。余舊識吳志葵。今鎮吳淞。當往投之。油坊主人贈金送之行。匠既見志葵。即任爲隊長。命從蔡喬往淮城剿賊。宏光元年。清兵分道下。淮城揚州相繼陷。蔡喬遂退守京口。匠亦從焉。五月。京口南京亦失守。匠乃易服回羅店。投黃淳耀。淳耀命守嘉定北門。一日。成棟使其弟成樑率兵數百騎往太倉。行經北門外五里之陸村。適大風雨。暫駐陸村。匠偵知之。潛挾兩鐵錘。直入成樑室。急以鐵錘擊之。裂成樑腦。副將一員。亦爲擊斃。左右大亂。爲匠擊殺者又十數人。既而鄉兵大集。三路夾攻。騎兵遂潰。是役也。明軍大獲勝。六月、成棟破羅店。又屠婁塘。七月、成棟發兵五萬攻嘉定。嘉定遂破。匠亦不知所終。編者曰。殆亦死矣。

黃鼎妻

霍山黃鼎、霍山諸生也。字玉耳。鼎革時起義。後降洪經略。授以總兵。使居江南。其妻獨不降。擁衆數萬。盤踞山中。與清軍抗。清兵屢爲所敗。總督馬國柱謂鼎。獨不能招汝妻使降乎。鼎曰不能。然子在此。使往或有濟也。國柱遂使其子往招之。鼎妻曰。大厦將傾。故非一木所能支。能志士不屈其志。吾必爲總督來吾廬一面。約吾然後解衆。然吾仍居山中。以遂吾志。不能若吾夫調居他處也。其子覆命。國柱自來廬州。鼎妻率衆出見。貫甲兜鍪。凛凛如丈夫。遂解兵居山中不出。

王士純

王士純、字孤絳、新城人。漁洋山人之從兄。白晳美風姿。書法李北海。弱冠。殉崇禎壬午之難。有新月詩曰。乍見一簾水。回頭月抱肩。黃如浮酢酒。瘦比壓琴絃。詩意頗俊逸。加以造詣。亦漁洋之匹。乃遽膺國變。以歿。惜哉。

瞽者某

京師有金剛寺。蜀僧友蒼居之。萬歷一男子配遼東。過寺。友蒼壯其貌。飯之。贈之金。國變後。友蒼南游。過徐州。泊舟登岸。閒行至一寺。時初冬。天方寒。寺荒落無人居。友蒼徘徊太息。見廡下一瞽者。踞而暴日。問公自何來。友蒼曰。自京師。曰。京師有金剛寺。曾過未。曰。吾所居也。瞽者瞿然起。問友蒼和尚。公識否。友蒼怪之。曰。吾亦與友。但子何由知之。曰。吾曾配遼東。友蒼飯我。復贈我金。我不忍忘。友蒼始憶前事。大笑曰。我卽是也。瞽者驚喜。直前捉其衣曰。公眞是耶。伏地拜且哭。友蒼且答且掖之起。而挾之舟中。曰。子何由至此。瞽者曰。我至關東。受知經略熊公。拔爲千總。後熊公被逮。久之。聞被戮。予仰天哭曰。國家失熊公。不可爲矣。晝夜哭。月餘淚盡血出。遂以瞽。既廢。又遭亂。流離輾轉。無家可歸。行乞於此。友蒼欷歔泣下。飲之酒。大醉。曰。我今其可以死矣夫。薄暮別去。次日訪之。自經死矣。

明代軼聞卷二終

明代軼聞 卷三

名士誌

呂晚村

浙中呂晚村先生。爲一代大儒。痛心祖國之亡。發憤著書。斷斷於夷夏之界。論者至以先生爲清末革命之原動力。洵不誣也。惜自曾靜事敗。闔門被禍。而先生所著之書籍。悉付祖龍一炬。當時文網嚴密。士大夫無敢爲複壁之藏者。故流傳絕少。於是先生之奇節偉行。亦隨之俱沒。可不惆歟。嗚呼、是亦中原文獻之厄也。已頃於舊籍中得先生行狀一紙。爲其哲嗣葆中所撰。惜爲蠹魚所蝕。漫漶大半。今就其可讀者錄之。狀曰、先君諱留良。字莊生。又諱光輪。字用晦。號晚村。始呂氏曾祖諱相。祖諱煥。考諱元啟。本生考諱元學。先君生而神異。讀書三遍。輒不忘。八歲善屬文。（此處缺八字）時同邑孫子度先生爲里中社長。擇交甚嚴。偶過書塾。見所爲文。大驚曰。此吾老友也。豈論年哉。卽拉與同游。先生垂髻據坐。千言立就。(此處缺四字)諸名宿皆咋舌避其鋒。癸巳始出就試。爲邑諸生。(此處缺九字)時同里陸文若先生方修社事。操選政。每過先君。虛坐請與共事。先君一爲之提倡。名流輻輳。女陽百里間。遂爲人倫奧區。人謂自復社以來。未有其盛。亦擬之如金沙婁東。而先君意不自得也。壬寅之夏。課兒讀書於家園梅花閣。與同里吳孟舉自牧諸先生以詩相倡和。嘗作詩曰。誰教失脚下漁磯。心跡年年處處違。雅集圖中衣帽改。黨人碑裏姓名非。苟全始信談何易。餓死今知事最微。醉便行吟埋亦可。無慚尺布裹頭歸。人莫測其所謂。丙午歲。學使者以課士按禾。且就試矣。造廣文陳執齋先生寓。出前詩示之。告以將棄諸生去。且囑其爲我善全。無令剩微遺憾。執齋始愕貽不得應。既而聞其衷曲本末。乃起揖曰。此眞古人所難。但恨向日未識君耳。於是詰旦傳唱。先君不復入。遂以學法除名。一郡大駭。而先君方怡然自快。復作詩有甑要不全行莫顧簀如當易死何妨之句。但曰。自此老子肩頭更重矣。於是歸臥南陽村。(此處缺十餘字)與桐鄉張考夫、鹽官何商隱、吳江張佩忍諸先生。及同志諸人。共力發明洛閩之學。編輯朱子書。以嘉惠學者。其議論無所發洩。一寄之於詩文評語。大聲急呼。不顧世所諱忌。窮鄉晚進有志之士。聞而興起者甚衆。戊午歲有鴻博之舉。浙省屈指以先君名薦牒下。自誓必死。不孝懼甚。急走謁當事。祈哀固辭得免。庚申夏郡守復欲以隱逸舉先君聞之。乃於枕上剪髮易僧伽服曰。如是庶可舍我矣。寄淸溪徐方虎先生書曰弟此病日深。浮生無幾。已削頂爲僧。從此木葉蔽影。得苟延數年。完一二本無用之書。願望足矣。世間紛紛總不涉病僧睹聞裏(此處缺一二十餘字)僧名耐可、字不昧、號何求老人。築室吳興埭溪之妙山。顏曰風雨庵。峭壁寒潭。長溪修竹。有泉一泓。搆亭其上。題以二妙。先君幅巾掛杖。逍遙其間。惟四方問學之士。晨夕從遊。有濂溪弄月吟風之意。顧先君亦自病甚矣。幼素有咯血疾。方亮功之亡。一嘔數升幾絕。辛亥以後。遇有拂鬱。輒作。至庚申夏方對客語。而郡剳適至。噴噀滿地。坐客咸愕然。自後病益劇。先君自知不起。嘗歎曰。吾今始得尺布裹頭歸矣。夫復何恨。(此處殘滤約二千餘字因節之）先君學博多才。凡天文、讖諱、樂律、兵法、星卜、算術、靈蘭、青鳥、丹經、梵志之書。莫不洞曉。工書法。逼顏尚書米海嶽。晚更結密變化。少時能彎五石弧。射輒命中。餘至握槊、投壺、彈琴、撥阮、摹印、斲研技藝之事。皆精絕。生崇禎乙巳正月二十一日。距卒康熙癸亥八月十三日。享年五十有五。娶范氏。子男七尺。卽以其年十一月二十九日葬於識村東長坂橋西。祔太僕公之穆。承遺命也。

侯方域

侯方域、字朝宗。商邱人。祖執蒲、官太常卿。父恂、崇禎間官戶部尚書。方域旣世家子。幼從其父宦京師。習知中朝事。而於君子小人門戶始終之故。尤熟悉。喜結納名士。與貴池吳應箕、吳興陳貞慧最善。阮大鋮者。故魏奄義兒。屛居金陵。謀復用。諸名士共爲檄數大鋮罪。應箕、貞慧主之。大鋮愧且恚。然無可如何。詗知方域與二人相善也。私念得交侯生。因侯生以交二人。事當已。乃屬其客陽交懽方域。方域覺之。謝客不與通。時大鋮家有伶一部。以聲技擅名。能歌所演燕子箋。又値諸名士以試事集金陵。朝宗置酒高會。趣徵阮伶大鋮心竊喜。立遣伶往。而令他奴詗之。方度曲。四座稱善。奴走告大鋮。心益喜。已而抗聲論天下事。箕踞叫呶。語稍及大鋮。遂戟手罵詈不絕口。大鋮聞之。乃大怒。而恨三人者尤刺骨。後數年。南都擁立。大鋮驟執政柄。將興大獄。盡殺黨人。捕貞慧入獄。應箕亡命。方域夜出走。渡揚子江。依俊帥高傑得免。方域佚蕩任俠。使氣好大言。遇人不肯平面視。然一語輒合。吐出肺肝。譽之不容口。援友之阨。能不恡千金。然亦喜睚眦報復。居鄉時扞文網。崇禎末。劇寇李自成圍汴。急詔侯恂出督師援汴。方域進曰。大人受命討賊。廟堂議論牽制。奏請不應。徵調難集。願彼文法以賜劍頭誅一甲科。令守而晉師。李定國師噪。當斬以徇軍法辦裝立疾驅渡河。就左良玉於襄陽。約陝督孫公傳庭犄角於秦。賊乃可圖也。恂叱曰。是跋扈也。小子多言。輒遣歸。方域既負才名。以明經累舉於鄉。輒報罷。尋邑邑致疾。卒年三十有七。是歲順治十一年也。明季古文辭。自嘉隆諸子貌爲秦漢。稍不厭衆望。後乃爭矯之。而矯之者變逾下。明文極敝。以訖於亡。朝宗始倡韓歐之學。於舉世不爲之日。遂以古文雄視一世。末年游吳下。將刻集。集中文未脫稿者。一夕補綴之立就。人益奇之。既沒而文章乃大著。初陳貞慧就逮入詔獄。鍛鍊久之。會大鋮敗。脫歸後十餘年。卒於家。清兵下金陵。吳應箕謀起義。被執不屈死。方域著有壯悔堂文十卷。詩六卷。遺稿一卷。

魏禧

魏禧、字叔子、一字冰叔。贛之寧都人也。生以天啟甲子。後方域六歲。然不相識。方域既早沒。而禧名繼起。與埒之。故世或稱侯魏云。禧年十一。補邑弟子員。試輒冠其曹。後十年。會甲子之變。愍帝死社稷。禧聞號慟。從博士後日哭臨縣廷。居則憤惋叱咤。知不欲生。謀從曾給事應遴倡義復仇。不果。已乃謝棄諸生服。隱居敎授。禧負才略。善擘畫理勢。修幹。微髭。目光奕奕射人。每事前決成敗。懸策而後驗者。十常七八。方流賊之熾也。承年久。人不知亂。且謂寇猝難及。禧獨憂甚。移家翠微峯居焉。翠微峯距寧都西十里。四面削起百餘丈。中徑坼自山根至頂。若斧劈然。緣坼鑿磴道。梯而登。出其上。穴如甕口。因置閘爲守。望士友稍稍依之。而彭士望、林確齋亦與。士望南昌人。字躬菴。遭亂。喜結客立義。有聲公卿間。與禧立談定交。遂偕林挈妻子來家翠微。林故南昌宗室子。變姓名爲林確齋。世所稱易堂諸子也。其後數年。寧都中寇被屠掠。而翠微獨完。禧既謝諸生。益肆力爲古文辭。授徒窮山。弟子著籍者。常數十人。喜讀史。尤好左氏傳及蘇洵。其爲文主識議。凌厲雄健。不屑屑撫擬。如世之貌似大家者。遇忠孝節烈事。則益感慨激昂。摹畫淋漓。故其所爲新樂侯劉文炳傳、及姜埒江天一諸傳尤工。年四十。乃出游。涉江。逾淮。游吳越。思益交天下非常之人。聞有隱逸之士。不憚千里造訪。於吳門交徐枋、金俊明。西陵交汪渢。乍浦交李天植。常熟交顧祖禹。毗陵交惲日初、楊瑀。方外交藥地、槁木。皆遺民也。康熙十七年。詔中外舉博學鴻詞。禧亦在舉中。被徵。以病辭。郡太守縣令吏督輒就道。不得已。舁疾至南昌。就醫藥。撫軍某疑其詐。以板屏舁之至門。禧絮被蒙頭臥。稱病篤。乃放歸。後二年。赴維揚。故人約舟至儀眞。暴心氣病。一夕卒。年五十七。著有文集二十二卷。詩集八卷。左傳經世若干卷。兄祥、字善伯。弟禮、字和公。並有集行世。

馮夢龍

熊公廷弼當督學江南時。試卷皆親自批閱。閱則連長几於中堂。鱗攤諸卷於上。左右置酒一罎。劍一口。手操不律。一目數行。每得佳篇。輒浮大白。用誌賞心之快。遇荒繆者。則舞劍一迴。以抒其鬱。凡有雋才宿學。甄拔無遺。吳中馮夢龍亦其門下士也。夢龍文多游戲。挂枝兒小曲。與葉子新鬬譜。皆其所撰。浮薄子弟。靡然傾動。至有覆家破產者。其父兄羣起訐之。事不可解。適熊公在告。夢龍泛舟西江。求解於熊。相見之頃。熊忽問曰。海內盛傳馮生挂枝曲。曾攜一二冊以惠老夫否。馮踧踖不置辯。唯唯引咎。因致千里求援之意。熊曰。此易事。毋足慮也。我且飯子。徐爲子籌之。須臾供枯魚。焦腐二簋。粟飯一盂。馮下箸有難色。熊曰。晨選嘉肴。夕謀精粲。吳下書生。大抵皆然。似此草具。當非所以待子者。然丈夫處世。不應於飲食求工。能飽餐麤糲者。眞英雄也。熊遂大恣咀啖。馮啜飯匕餘而已。熊起入內。良久始出。曰。我有書一緘。便道可致我故人。毋忘也。求援之事。並無所答。而挾一冬瓜爲贈。瓜重數十斤。馮傴僂祗受。然意甚怏怏。且力不能勝。未及舟。卽委瓜於地。鼓棹而去。行數日。泊一巨鎭。熊故人之居在焉。書投未幾。主人卽躬謁馮。延至其家。華筵奇馘。妙妓清歌。咄嗟而辦。席罷。主人揖馮曰。先生文章霞煥。才辨珠流。天下之士。莫不延頸企踵。願言覯止。今幸親降玉趾。是天假鄙人以納履之緣也。但念吳頭楚尾。雲樹爲遙。荊柴陋宇。豈足羈長者車轍哉。敬備不腆。以犒從者。先生其無辭。馮不解其故。婉謝以別。則白金三百。蚤舁至舟中矣。抵家後。則聞熊飛書當道。而被訐之事已釋。蓋熊公固心愛龍子。惜其露才炫名。故示非薄而行李之窮。則假諸途以厚濟之。怨謗之集。則移書以潛消之。英豪舉動。其不令人易測如此。

徐霞客

徐霞客者。名宏祖。江陰梧塍里人也。高祖經。與唐寅同舉除名。寅常以倪雲林畫卷償博進三千。跡猶在其家。霞客生里社。奇情鬱然。兀對山水。力畊奉母。踐更繇役。蹙璧如籠鳥之觸隅。每思颺去年三十•母遺之出遊。每歲三時出游。秋冬歸省以爲常。東南佳山水如東西洞庭、陽羨、京口、金陵、吳興、武林、浙西徑山、天目、浙東五泄、四明、天台、雁宕、南海落迦、皆几案衣帶間物耳。有再三至有數至。僅無一至者。其行也從一奴或一僧一杖一襆被。不治裝。不裹糧。能忍饑數日。能遇食卽飽。能徒步走數百里。凌絕壁冒叢箐攀援上下。懸度綆汲。捷如青猿。健如黃犢。以崟岩爲床。薦以谿澗爲飲。沐以山魅木客王孫玃父爲伴侶。儚儚粥粥。口不能道隻詞。與之論山經。辨水脈。搜討形勝。則劃然心開。居平未嘗鞶帨爲古文辭。行遊約數百里。就破壁枯樹燃松拾穗走筆爲記。如甲乙之簿。如丹青之畫。雖才華之士無以加也。游雁蕩還過陳本叔小寒山。本叔問曾造雁山絕頂否。霞客唯唯。質明已失其所在。十日而返。曰、吾取間道捫龍湫三十里。有宕焉。雁所家也。攀絕磴上數十里。正德間白雲雲外兩僧團瓢尚在。復上二十餘里。其顚罡風逼人。有麋鹿數百羣圍繞而宿。三宿而始下。其與人爭奇逐勝。欲賭身命。皆此類也。已而遊黃山白岳九華匡廬。入閩登武夷。泛九鯉湖。入楚。謁元岳。北遊齊魯燕冀嵩雒。上華山。下青柯坪。心動趣歸。則其母正屬疾。嚙指相望也。母喪服闋。益放志遠遊。訪黃石齋於閩。窮閩之勝。皆非閩人所知。登羅浮。謁曹溪。歸而追石齋於黃山。往復萬里。如步武耳。由終南背走峨眉。從野人採藥。棲宿岩穴中。八日不火。日抵峨眉。屬奢酋阻兵。乃返。隻身戴釜。訪恆山於塞外。盡歷九邊阨塞。歸過王季重山中。劇談四遊四極。九州九府。經緯分合。歷歷如指掌。謂昔人志星宮輿地。多承襲傳會。江河二經。山川兩戒。自紀載來。多囿於中國一隅。欲為崑崙海外之游。窮流沙而後返。小舟如葉。大雨淋漓。要之登陸。不肯、曰。譬如澗泉暴注。撞擊肩背。良足快耳。丙子九月。辭家西邁。僧靜聞願登雞足。禮迦葉。請從焉。遇盜於湘江。聞被創死。函其骨。負之以行。泛洞庭。上衡岳。窮七十二峯。再登峨眉。北抵岷山。極於松潘。又南過大渡河。至黎雅。登瓦屋曬經諸山。復尋金沙江。極於犛牛徼之外。由金沙南汎瀾滄。由瀾滄北尋盤江。大約在西南諸夷境。而貴竹滇南之觀。亦數幾盡矣。過麗江。憩點蒼鷄山。瘞靜聞骨於迦道場。從宿願也。由鷄足而西。出玉門關數千里。至崑崙山。窮星宿海。去中夏三萬四千三百里。登半山。風吹衣欲墜。望見外方黃金寶塔。又數千里。至西番。參大寶法王。鳴沙以外。咸稱奇國。如迦阿盧耨諸名由旬不能悉。西域志稱沙河阻遠。望人馬積骨為標識。鬼魅熱風無得免者。玄裝法師受諸魔折。具載本傳。霞客信宿往返。如適莽蒼。還至峨眉山下。託估客附所得奇樹虬根以歸。並以遡江紀源一篇寄王季重。言禹貢岷山導江。乃汎濫中國之始。非發源也。中國入河之水。為省五。入江之水。為省十一。計其吐納。江倍於河。按其發源。河自崑崙之北。江亦自崑崙之南。非江源短而河源長也。又辨三龍大勢。北龍夾河之北。南龍抱江之南。中龍中界之。特短。北龍祇南向半支入中國。惟南龍磅礴半宇內。其脈亦發於崑崙。與金沙江相並南下。環滇池以達於五嶺。龍長則脈源亦長。江之所以大於河者。其書數萬言。皆訂補桑經酈注及漢宋諸儒疏解禹貢所未及。季重。還滇南。足不良於行。修雞足山志。三月而畢。麗江木太守備餱粮具筍輿以歸。病甚。語問疾者曰。漢張騫鑿空。未覩崑崙。唐玄奘、元耶律楚材、銜主人之命。乃得西游。

吾以老布衣孤筇雙履窮河沙上崑崙歷西域題名絕國與三人而爲四死不悔矣季重之識霞客也。因漳人劉履丁。履丁爲季重言。霞客西歸。氣息支綴。聞石齋下詔獄。遣其長子間關往視。三月而返。具述石齋頌繫狀。據床浩歎。不食而死。其爲人若此。梧下先生曰。昔柳公權記三峯事。有王元冲者。訪南坡僧義海。約登蓮花峰。其峰屈山趾。計五十仞。爲一旬之程。既上。構煙爲信。海如期宿桃林。平曉岳色清明。佇立數息。有白煙一道。起三峰之頂。歸二旬而元冲至。取玉井蓮落葉數瓣。及池邊鐵船寸許。遺海。負笈而去。元冲初至。海謂之曰。茲山削成。自非馭風馮雲。無有去理。元冲曰。賢人弗謂天不可登。但慮無其志耳。霞客不欲以張騫諸人自命。以元冲擬之。並爲三清之奇士。殆庶幾乎。霞客紀游之書。高可隱几。余屬其從兄仲昭讐勘而存之。當爲古今遊紀之最。霞客卒時。年五十有六。西遊歸。以庚辰六月卒。以辛巳正月葬江陰之馬灣。亦履丁云。

陳其年

其年未遇時。遊於雉皋。冒巢民愛其才。延致梅花別墅。有童名紫雲者。儇麗善歌。令其執役書堂。其年一見神移。贈以佳句。并圖其像。裝爲卷軼。題曰雲郞小照。適墅梅盛開。生偕紫雲徘徊於暗香疏影間。巢民偶登內閣。遙望見之。忽佯怒呼二健僕縛紫雲去。將加以杖。生營捄無策。惹極徬徨。計唯得冒母片言。方解此厄。時已薄暮。乃趨赴母宅前長跪。門外。啟門者曰。陳某有急求太夫人。發一玉音。非蒙許諾。某不起也。因備言紫雲事。頃之。青衣媪出。曰。先生休矣。巢民遵奉母命。已不罪雲郞。然必得先生咏梅花詩百首。成於今夕。仍送雲郞侍左右也。生大喜。攝衣而回。篝燈濡墨。苦達曙。百詠旣就。亟書送巢民。巢民讀之。擊節。笑遣雲郞。其後紫雲配婦。合巹有期矣。生惘惘若失。賦賀新郞贈之云。小酌荼䕷釀。喜今朝釵光鈿影。燈前滉漾。隔著屏風喧笑語。報道雀翹初上。又悄把檀奴偸相。撲朔雌雄渾不辨。但臨風私取春弓量。送爾去。揭鴛帳。六年孤館相依傍。最難忘。紅蕤枕畔。淚花輕颺。了爾一生花燭事。宛轉婦隨夫唱。努力做藁砧模樣。只我羅衾渾似鐵。擁桃笙難得紗窗亮。休爲我再惆悵。

此詞競傳人口。聞者無不絕倒。編者曰。聞髯在水繪園。每年索俸三百金。辟疆訝其多髯曰、我不須金。但以某郎伴我。一夕一金可也。然不知爲紫雲爲楊枝也。

毛大可

毛甡、蕭山人也。初名奇齡。字大可。一字齊于。曰吾淳于髡也。少與兄萬並知名。人呼小毛子。負才任達。善詩歌與樂府塡詞。與人坦然無所忤。賢者多愛其才。暱就之。而亦以才見忌。一時詩人嘗就甡問高下。甡略示次第。或聞而惡之。往往思中傷甡。又困諸生。家貧遭亂。佯狂髠髮。緇衣走山澤中。聞效元人作小詞雜曲以白娛。仇者摘其語。以爲謗誹。謀訐而殺之。旣而按驗無實。得不坐。甡自以爲無罪。雖數瀕死無所害。益復不簡備。仇者憤不得洩。乃胠其篋。發所著書焚之。又欲借他人事搆之死。里中善甡者。咸謂當出亡。相哭而別。於是之齊之楚之鄭衞梁宋間。嘗登嵩山。越數峯。遠悽愴不能上。曰吾力衰矣。傷哉。貧且多難。吾安歸乎。甡所爲率託之美人香草。以寫其騷激之意。纏綿綺麗。小詞雜曲。亦復縱橫跌宕。按節而歌。使人悽悅。游靖江。當鑪馮氏者悅其詞。欲私就之。甡謝曰。彼美不知我。直以我爲狂夫也。徑去。過海陵。抵淮上。山陽令朱禹錫故善甡。爲召諸名士詞人畢集爲歡。而吏部張新標父子嗜詩。有名園中。秋夜會客數十人。伎樂合作。甡倚醉扣盤賦明河篇。凡六百餘言。及旦。則淮上諸家傳寫殆偏。宣城施閏章還自京師。見之。目爲才子。自是客淮數月。留連朋好。不能去。甡雖處困窮。所至嘗乞食。至不當其意。雖招之不赴也。甡自少受知華亭陳子龍。評其文曰。才子之文。然跌蕩文酒。頗不自惜。平生長於治詩。取毛鄭諸家。折衷其說。著毛詩省篇。今舊集多燬。存詩詞若干卷。友人蔡大敬爲刻行於世。論者謂以沈宋之法。行温李之詞。世罕及者。甡年四十餘。尚無子。自言當以客游老云。

張靈

張夢晉、名靈。蓋正德時吳縣人也。生而姿容俊奕。才調無雙。工詩善畫。性風流豪放。不可一世。家故赤貧。而靈獨蚤慧。當舞勺時。父命靈出應童子試。輒以冠軍補弟子員。靈心顧不樂。以爲才人何若爲章縫束縛。遂絕意不欲復應試。日縱酒高吟。不肯妄交人。人亦不敢輕與交。惟與唐解元六如作忘年友。靈既年長不娶。六如試叩之。靈笑曰。君豈有意中人足當吾耦者耶。六如曰。無之。但自古才子宜配佳人。吾聊以此探君耳。靈曰。固然。今豈有其人哉。求之數千年中。可當才子佳人者。惟李太白與崔鶯鶯耳。吾雖不才。然自謫仙而外。似不敢多讓。若雙文惜下嫁鄭恆。正未知果識張君瑞否。六如曰。謹受教。吾自今請爲君訪之。期得雙文以報命可乎。遂大笑而別。

一日。靈讀劉伶傳。命童子進酒。屢讀屢叫絕。輒拍案浮一大白。久之。童子跽進曰。酒罄矣。今日唐解元與祝京兆讌集虎邱。公何不挾此篇一往索醉也。靈大喜。卽行。然不欲爲不速客。乃屏棄衣冠。科跣雙髻。衣鶉結。左持劉伶傳。右持木杖。謳吟道情詞。行乞而前。抵虎邱。見貴游蟻聚。綺席喧闐。靈每過一處。輒書向客曰。劉伶告飲。客見其美丈夫。不類丐者。競以酒饌貽之。有數賈人方酗酒賦詩。靈至前。請續和。賈人笑之。其詩中有蒼官青士扑握伊尼四事。因指以問靈。靈曰。松竹兔鹿。誰不知耶。賈人始駭。令賡詩。靈立揮百首而去。遙見六如及祝京兆枝山數輩。共集可中亭。亦趨前執書告飲六如早已知爲靈見其佯狂游戲。戒座客陽爲不識者以看之。語靈曰。爾丐子持書行丐。想能賦詩試題悟石軒一絕句。如佳卽賜爾卮酒。否則當扣爾脛。靈曰易耳。童子隨進毫楮。靈卽書云勝跡天成說虎邱。可中亭畔足酣遊。吟詩豈讓生公法。頑石何如不點頭。遂幷毫楮擲地曰佳哉。擲地金聲也。六如覽之大笑。因呼之共飲。時觀者如堵。莫不相顧驚怪。靈既醉。卽拂衣起。仍執書向悟石軒長揖曰。劉伶謝飲。遂不別坐客徑去。六如謂枝山曰。今日我輩此舉。不減晉人風流。宜寫一幀爲張靈行乞圖。吾任繪事。而公題跋之。亦千秋佳話也。卽舐筆伸紙。俄頃圖成。枝山跋數語。其後座客爭傳玩歎賞。忽一翁縞衣素冠前揖曰。二公卽唐解元祝京兆耶。僕企慕有年。六如遜謝。徐叩之則南昌明經崔文博以海虞廣文告歸者也。翁得圖諦觀不忍釋手。因訊適行乞者爲誰。六如曰。敝里才子張靈也。翁曰誠然。此固非眞才子不能。卽向六如乞此圖。歸將返舟。舟已移泊他所。呼之始至。蓋翁有女素瓊者名瑩。才貌俱絕世。以新喪母。隨翁扶櫬歸。先艤舟岸側。時聞人聲喧沸。乍啟檻窺之則見一丐者狀貌殊不俗。丐者亦熟視檻中。忽登舟長跪。自陳張靈求見。屢遣不去。良久有一童子入舟。强挽之始去。故瑩命移舟避之。崔翁乃出圖示瑩。且備述其故。瑩始知行乞者爲張靈。歎曰。此乃眞風流才子也。取圖藏笥中。翁擬以明日往謁唐六如祝枝山二君。因訪靈。忽抱痾數日不起。爲榜人所促。遽返豫章。靈旣於舟次見瑩以爲絕代佳人。世難再得。遂日走虎邱偵之。久之杳然。屬蘄人方誌來校士。誌旣深惡古文詞。而又聞靈跅弛不羈。竟褫其諸生。靈聞之大喜曰。吾正苦章縫束縛。今幸免矣。顧一褫何慮再褫。且彼褫吾諸生之名。亦能褫吾才人之名乎。遂往過六如家。見車騎塡門。胥尉盈坐。則江右寧藩宸濠遣使來迎者也。六如擬赴其招。靈曰。甚善。吾正有厚望於君。吾曩者虎邱所遇佳人。卽豫章人也。乞君爲我多方訪之。冀得當以報我。此開天闢地第一喫緊事也。幸無忽忘。六如曰。諾。卽偕藩使過豫章。時宸濠久蓄異謀。其招致六如。一博好賢虛譽。一慕六如詩畫兼長。欲倩其作十美圖獻之九重。其呼宮中已覓得九人。尙虛其一。六如請先寫之。遂爲寫九美而各輟七絕一章於後。九美者。廣陵陽之謁、字兩君、善畫。姑蘇木桂、字文舟、善琴。嘉禾朱家淑、字文儒、善書。金陵錢韶、字鳳生、善歌。江陵熊御、字小鳳、善舞。荊溪杜若、字芳洲、善箏。洛陽花萼、字李芳、善笙。錢唐柳春陽、字絮才、善瑟。公安薛幼端、字瑞清、善簫也。圖詠既成。進之濠。濠大悅。乃盛設特讌六如。而別一殿僚季生副之。季生者儉人也。酒次請觀九美圖。因進曰。十美缺一。殊屬歉陷。某願舉一人以充其數。詰朝請持圖來獻。卽崔瑩也。濠見之曰。此眞國色也。卽屬季生往說之。先是崔翁家居時。瑩才名噪甚。求姻者踵至。翁度非瑩配。悉拒不納。既從虎邱得張靈。遂意雅屬張。雞不意疾作遽歸。思復往吳中託六如主其事。適季生旋里喪耦。熟聞瑩名。預遣女畫師潛繪其容。而求姻於翁。翁謀諸瑩。瑩固不許。於是季生銜之。因假手於濠以洩私忿。時濠威殊張甚。翁再三力辭不得。瑩窘激欲自裁。翁復多方護之。瑩歎曰。命也已矣。夫復何言。乃取筍中行乞圖自題詩其上。曰。才子風流第一人。願隨行乞樂清貧。入宮祗恐無紅葉。臨別題詩當會眞。舉以授翁曰。願持復張郎。俾知世間有情痴女子如崔素瓊者。亦不虛其爲一生才子也。遂慟哭入宮。濠得喜甚。復倚六如圖咏。以爲十美之冠。而六如先已取季生所獻者摹得一紙藏之。瑩既知六如在宮中。乘間密致一緘。以述已意。六如得緘乃大驚惋。始知此女卽靈所託。訪者今事既不諧。復爲繪圖進獻。豈非千古罪人。將來何面目見良友。因急詣崔翁。索得行乞圖返宮。將相機維挽。不意十美已卽日就道。六如悔恨無已。又見濠逆跡漸著。急欲辭歸。苦爲濠羈縻。乃發狂。號呼顛擲。溲穢狼籍。濠久之不能堪。仍遣使歸。杜門月餘。乃起過張靈。時靈已頹然臥病矣。蓋靈自別六如後。悒悒亡憀。日縱酒狂呼。或歌或哭。一日中秋。獨走虎邱。千人石畔。見優伶演劇。靈佇視良久。忽大呼曰。爾等所演不佳。待吾演王子晉吹笙跨鶴。遂控一童子於地。而跨其背。攫伶人笙吹之。命童子作鶴飛。捶之不起。童子怒。掀靈於地。靈起曰。鶴不慣飛。吾今既不得爲天仙。惟當作水仙耳。遂躍入劍池中。衆急救之出。則面額俱損。且傷股不能行。人送歸其家。自此委頓枕席。日日在醉夢中。至是忽聞六如至。乃從榻間躍起。急叩豫章佳人狀。六如出所摹素瓊圖示之。靈一見。詫爲天人。急捧置案間。頂禮跪拜。自陳才子張靈拜謁云云。已聞瑩已入宮。乃撫圖痛哭。六如復出瑩所題行乞圖示之。靈益痛哭。大呼佳人崔素瓊。隨踣地嘔血不止。家人擁至榻間。病愈甚。三日後。邀六如訣曰。已矣。唐君。吾今眞死矣。死後乞以此圖殉葬。索筆書片紙云。張靈字夢晉。風流放誕人也。以情死。遂擲筆而逝。六如哭之慟。乃葬靈於玄墓山之麓。而以圖殉焉。檢其生平文章。先已自焚。惟收其詩草及行乞圖以歸。時瑩已率十美抵都。因駕幸楡林。久之未得進御。而宸濠已舉兵反。爲王守仁所敗。旋卽就擒。駕還時。以十美爲逆藩所獻。悉遣歸母家。聽其適人。於是瑩仍得返豫章。値崔翁已捐館舍。有老僕崔恩殯之。瑩哀痛至甚。然煢子無依。葬父已畢。遂挈裝徑抵吳門。命崔恩邀六如相見於舟次。瑩首訊張靈近狀。六如愴然收涕曰。辱姊鍾情遠顧。奈此君福薄。今已爲情鬼矣。瑩聞之。嗚咽失聲。詢知靈葬於玄墓。約明日同往祭之。六如明日果攜靈詩草及行乞圖至。與瑩各拏舟抵靈墓所。瑩衣縗經伏地拜哭。甚哀。已乃懸行乞圖於墓前。陳設祭儀。坐石台上。徐取靈詩草。讀之每讀一章。輒酹酒一巵。大呼張靈才子。一呼一哭。哭罷又讀。往復不休。六如不忍聞。掩淚歸舟。而崔恩貯立已久。勸慰無從。亦起去。徘徊邱壟間。及返。則瑩自經於台畔。恩大驚。走告六如。六如趨視。見瑩已死。歎息跪拜曰。大難大難。我唐寅今日得見奇人奇事矣。遂具棺衾將易服殮之。而瑩通體衫襦皆細綴嚴密。無少隙。知其矢死已久。六如因取詩草及行乞圖。并置棺中爲殉。啟靈壙與瑩同穴。而植碑題其上。云明才子張夢晉佳人崔素瓊合葬之墓。時傾城士人。鬨傳感歎。無貴賤賢愚。爭來弔誄。絡繹喧豗。雲蒸雨集。哀聲動地。殆莫知其由也。六如既合葬靈瑩。檢瑩所遺橐中之資。置墓田。營丙舍。舍崔恩居之。以供春秋奠掃之役。嗚呼。才子佳人。一旦至此。庶乎靈瑩之事畢矣。而六如之事亦畢矣。六如於明年仲春。躬詣墓所拜奠。夜宿丙舍。傍輾轉不寐。啟牕縱目。則萬樹梅花。一天明月。不知身在人世。六如悵然歎曰。夢晉一生狂放。淪落不偶。今得與崔美人合葬此間。消受香光。亦謂可不負矣。但將來未知誰葬我唐寅也。不覺欷歔泣下。忽遙聞有人朗吟云。花滿山中高士臥。月明林下美人來。六如急起入林迎揖。則張靈也。六如訝曰。君死已久。安得來此吟高季迪詩。靈笑曰。君以我爲眞死耶。死者形不死者性。吾既爲一世才子。死後豈若他人泯沒耶。今乘此花滿山中高士偃臥時。來造訪耳。復舉手前指曰。此非月明林下美人來乎。六如回顧。有美人姍姍來前。則崔瑩也。於是兩人攜手整襟謝六如。拜謝合葬之德。六如方扶掖之。忽又聞有人大呼曰。我高季迪梅花詩。乃千古絕唱。何物張靈。妄稱才子。改雪爲花。定須飽我老拳。六如轉瞬之間。靈瑩俱失所在。其人直前呼曰。當捶此改詩之賊才子。捽六如欲毆之。六如驚寤。則半窗明月。闃其無人。六如憮然。始信眞才子與眞佳人。蓋死而不死也。因匡坐梅窗下。作張靈崔瑩合傳。以紀其事也。

唐仲言

唐仲言名汝詢。華亭人。世業儒。仲言五歲而瞽。未瞽卽能識字。讀孝經成誦。及瞽。但默坐。聽諸兄呫嗶而暗識之。積久遂淹貫。婚冠既畢。益令昆弟輩取六經子史以及稗官野乘。皆以耳授。顚末原委。默自詮次。純駁瑜瑕。剖別精核。蓋從章句之粗以冥搜微妙。心畫心通。罔有遺墮矣。於是遂善屬文。尤工於詩。海內人士踵門造謁。仲言每一晉接。歷久不忘。與之商榷古今。繼以篇什。千言百首立成之。俄傾而音吐鏗然。使聽者忘疲。子姪門徒輩從旁抄錄。一字亥豕。輒自覺察。不可欺也。寢其貌而心極靈。常解唐詩。其所掇拾古文以爲箋注者。自習見以及秘異。遡流從源。搜羅略盡。然必先經後史。不少紊淆。雖詩賦之屬。所援引。亦從年代次序之。如某字某句。秦漢並用。則必博採秦人。不以漢先。詳贍致精有若此也。所著有編蓬集。姑篾集。及唐詩解共若干卷、行於世。錢虞山曰。唐較杜詩。時有新義。如解溝壑疎放句。云出於向秀賦嵇志遠而疎。呂心放而曠。亦前人所未及也。

李公起

李公起、名峻。鄞縣人。父子靜官侍御。出按遼陽。卒於任。公起墮地而聾。雖聾。岐嶷孝弟。髮及額。待御訃至。號哭無晝夜。咽枯而嘶。凡五日。水漿不入口。乃更啞。免喪。始盡取先世藏書讀之。手自較讐。雖淩寒溽暑。弗倦也。既聾而問難辨證之路永絕。凡有疑義。俱於經史中嘿自剖析無有罔殆。性好客。郵筒走天下四方。好學之士大夫亦樂趨之。賓至以棻相通以筆有問奇者。則載紙往粗及農桑。微如佛老。道國家所有旂常典故戶口邊疆。叩之必應。咸盡精核。或既詳於客。又自尋繹幽奇。畢呈而終無遺佚。轉更遐暢矣。晚年尤好種植奇花異卉。常滿階庭。舍旁有斐園、竹波軒、青蘿閣、諸勝。咸與客遊處。性既寧澹。好學之外嗜慾益淸。反覺口耳爲煩也。行世有盟鷗集、郢雪篇、永譽錄、研史、凡若干卷。

張南邨

張南邨、名愨。字僧持。父興公先生琪。以名宿教授里中。多達材弟子。南邨幼爲詩。出語每不猶人。父友紀笠遠一見其詩。稱之曰氣淸。再則曰骨淸。曰神淸。已而目屬之曰。子必將以詩名江左矣。入應天學。多才名。交遊賢俊。治古文辭。專力於詩。家世奉佛。南邨胎性不納葷血。初猶食蟹。年八歲。父將攜之見博山禪師。前一夕。南邨方持蟹。父見之驚曰。兒將見博師。可食此乎。南邨聞言。卽置不食。自是蟹胥悉斷。除杖人在天界。南都親近最久。東南古錐宿德。禮謁殆徧。以故生平多方外交。蘆盂粥鉢。宛然頭陀蹤跡。恆在僧寺中。或經年累月不返。少學易於中丞集生余公。余公戍武林。從至武林西冷。其所熟遊。故吳越往來尤數。而苕霅間故人聞其至。每爭延之。癖好山水。不憚險遠。必往遊。其遊有章程要領。或獨遊。或攜一童子。途遇樵人禪客。卽爲伴侶。窮幽造深。飮泉摘果。卽忘飢渴。於五嶽則陟嵩岱。猶以不能遍歷衡華爲恨。若武夷、匡盧、九子、黃山、天台、雁蕩諸山。所至劖木梯爲記。采樹葉題詩以爲常。南都爲人坦夷近情。不爲矯激之言。不爲崖異之行。取受從心。否塞任運。尤不以禮數恩義責望人。與人處尤能寡怨忘隙。乍見或輕忽之。稍久必親而敬焉。有屋數椽。不蔽風雨。家人恆至乏食。垢衣敝襪。遊士大夫間。舉止迂野可愛。形體短小。雖老。精神可敵壯夫。遇有讌會。能通夜不眠。嘯咏達旦。不擇地而處。不擇食而食。不擇榻而寢。投足之所。卽其湫隘囂雜。他人掃除未竟。視南都已展卷矣。口腹之奉。不過鹽豉菽乳。就枕卽熟睡。無輾轉不寐之時。蓋胸無機事。不以美惡攖心。能致然耳。嘗遊遠遇胠篋者再中途幾不能成歸。人或怪其無恨色。曰失者償之義也。又何問焉。除夕自外返。去其家不遠。止宿逆旅。次日日晡。始緩步而歸。其性情安雅如此。羣居未常與人爭。至論詩則相持不下。守詩律雖貴卿巨子前亦厲詞折之。其論詩不逞才。不使事。不染號叫。不涉怨誹。其宗旨也。自以襄陽摩詰爲師。於古歌行換韻大篇。曁古體千數百言。鋪陳開闔。局力宏富者。乃以謂善。自少自老。主此論不變。雖所見未盡然。亦可謂篤於自守者也。南郡稱詩五十年。遠近之人亦以詩歸之。生鄉名人王穆如顧與治之後。與同時諸人並立可指數。終竟如杞叟之言。歲甲戌。年七十有六。夏得脾疾。治之尋愈。至冬復作。遂不起。子二。元子筠正。子濇元。亦受詩不可墜其聲。遷甫自儆居郭南望衡密邇。相得甚懽。酒闌燈燼。每有知己之言。欲以身後爲託。今不可作矣。世復安得和易素心風雅不倦如斯人者乎。

沈孚中

沈嵊字孚中。居武林北墅。不修小節。越禮驚衆。作填詞。奪元人席。好縱酒。日走馬蘇白兩隄。髯如戟。矜未青。不屑意也。崇禎某年當九日。攜酒持螯。獨上巾子峰頭。高吟浮白。有僧濡筆竊記其一聯云。有情花笑無情客。得意山看失意人。爲之叫絕。拉歸精舍。痛飲達旦。家人覓至。曰令邑試。郎君何不介意耶。嵊方醉眯未開。履無詳步。扶入試院。則已席几縱橫。置足無地。嵊乃積墨廣硯。立身高級。大書登高詞於粉壁之上。其首闋曰。萬峰頂上。險韻獨拈。饑撐傲骨·與秋鏖。天涯誰是酒同僚。面皮雖老。儘平生受不起青山笑。難道他辟英雄一紙。賢書到做了。禁登高三寸封條。題畢而下。有拍其肩而狂笑者。曰我得一賢契矣。嵊視之則令也。潛視其後良久矣。令宋姓、名兆和、字禧公、雲間名士。不屑爲俗吏態者。把嵊臂曰。昔賀監遇李白。爲解金龜當酒。我雖遜知章。君才何異太白。此日之事。今古攸同。盍拈是題。與君共塡散曲。誌奇遇乎。嵊曰善。令未成而嵊稿脫。更復擊節擢之冠軍。薦之學使者。補弟子員。聲譽大起。嗣非令醉嵊。卽嵊醉令。交誼旣狎。略師生而爾我。更冠易服。戲樂不羈。嵊弟有訟。對簿於令。令佯爲研鞫。嵊躍出廳事。大呼曰錯矣錯矣。令拂袖起。事聞直指。以白簡斥令。令恬然勿怨也。明鼎既移。閣部馬士英捲其殘旅。遁跡西陵。嵊往談兵。士英僞爲壯語。曰當城決勝。嵊馳歸語里人曰。此地頃爲戰場矣。里人羣譁曰。丞相脅奔將軍夜遁。誰能任戰。欲殃吾民。爭擊毀嵊。燒其所著書。所存者。獨息宰河綰春園傳奇二種。

明代軼聞卷三終

明代軼聞卷四

美人譜

董小宛

董小宛、一字青蓮、名白、秦淮樂籍中奇女子也。七八歲。母陳氏教以書翰。輒了了。年十一二。神姿艷發。窈窕嬋娟。無出其右。至鍼神曲聖食譜茶經。莫不精曉。其性好靜。每至幽林遠壑。多依戀不能去。若夫男女闐集。喧笑並作。則心厭色沮。亟去之。居恒攬鏡自語其影曰。吾姿慧如此。卽詘首庸人婦。猶歎采鳳隨鴉。況作飄花零葉乎。時有冒子辟疆者、名襄、如臯人也。父祖皆貴顯。年十四。卽與雲間董太傅陳徵君相倡和。弱冠與張公亮、暨陳則梁、四五人刑牲稱雁序於舊都。其人姿儀天出。神清徹膚。張公亮常以詩贈之。目爲東海季影。所居。凡女子見之。有不樂爲貴人婦。願爲夫子妾者無數。辟疆顧高自標置。每遇狹斜。擲心賣眼。皆土苴視之。己卯應試來秦淮。吳次尾、方密之、侯朝宗、咸向辟疆嘖嘖小宛名。辟疆曰、未經平子。目未定也。而姬亦時時從名流讌集間聞人言冒子。則詢冒子何如人。客曰、此今之高名才子負氣節而又風流自喜者也。則亦胸次貯之。比辟疆同密之屢訪姬。則厭秦淮囂。徙之金閶比下第。辟疆送其尊人秉憲東粵。遂留吳門。聞姬住半塘。再訪之。多不值。時姬又患囂。非受縻於炎炙。則必逃之鼪鼯之徑。一日姬方晝醉睡。聞冒子在門。其母亦慧倩亟扶出相見於曲欄花下。主賓雙玉有光。若月流於堂戶。已而四目瞪視。不發一言。蓋辟疆心籌。此謂入目第一。可擊紅絲。而宛君則內語吾靜看之。得其神趣。此殆吾委心塌地處也。但即欲自歸。恐太遽。遂如夢值故懽舊戚。兩意融液。莫可舉似。但連聲顧其母曰、異人異人。辟疆旋以三吳壇坫爭相屬。淩遽而別。屢歲一至吳門。則姬自西湖遠遊於黃山白嶽間者。將三年矣。此三年中。辟疆在吳門。有某姬亦傾蓋輸心。遂訂密約。然以省覲往衡嶽不果。辛巳夏、獻賊突破襄樊。特調衡永兵備使者監左鎮軍。時辟疆痛尊人身陷兵火。上書萬言於政府。言路歷陳尊人剛介不阿。逢怒同鄉同年狀。傾動朝堂。至壬午春、復得調。辟疆喜甚。疾過吳門。踐某姬約。至則前此一旬。已爲竇霍豪家不惜萬金刼去矣。辟疆乃旁皇鬱壹。無所寄託。偶月夜蕩一葉舟。隨所飄泊。至桐橋內見小樓如畫。闇立水涯。無意中詢岸邊人。則云此秦淮秦姬。自黃山歸。喪母抱危病。鎻戶二旬餘矣。辟疆聞之。驚喜欲狂。堅叩其門。始得入。比登樓。則燈熖無光。藥鐺狼藉。啟帷見之。奄奄一息者。小宛也。姬忽見辟疆。倦眸審視。淚如雨下。述痛母懷君狀。猶乍吐乍含。喘息未定。至午夜披衣遂起。曰吾疾愈矣。乃正告辟疆曰。吾有懷久矣。夫物未有孤產而無偶者。如頓牟之草。磁石之鐵。氣有潛感。數亦有冥會。今吾不見子。則神廢。一見子。則神立。二十日來。勺粒不霑。醫藥罔效。今君夜半一至。吾遂霍然。君既有當於我。我豈無當於君。願以此刻委終身於君。君萬勿辭。辟疆沉吟曰。天下固無是易易事。且君向一醉晤。今一病逢。何從知余。又何從知余閨閣中賢否。乃輕身相委如是耶。且近得大人喜音。明蚤當遣使襄樊。何敢留此。請辭去。至次日。姬靚妝鮮衣。束行李。屢趣登舟。誓不復返。姬時有父。多嗜好。又蕩費無度。恃姬負一時冠絕名。遂負逋數千金。咸無如姬何也。自此度滸墅。遊惠山。歷毘陵陽羨澄江。抵北固。登金焦。姬著西洋布退紅衫。輕如蟬紗。潔比雪艷。與辟疆看競渡於江山最勝處。千萬人爭步擁之。謂江姬攜偶踏波而上征也。凡二十七日。辟疆二十七度辭。姬痛哭叩其意。辟疆曰。吾大人雖離虎穴。未定歸期。且秋期逼矣。欲破釜焚舟。冀一當。子盍歸待之。姬乃大喜曰。余歸長齋謝客。茗椀爐香。聽子好音。遂別。自是杜門茹素。雖有竇霍相檄。佻㒓橫侮。皆假貸賂賄。以蟬脫之。短椷細札。責諾尋盟。無月不數至。迨至八月初。姬復孤身挈一婦。從吳買舟江行。逢盜折舵入葦中。三日不得食。抵秦淮。復停舟郭外。候辟疆闈事畢。始見之。一時應制諸名貴。咸置酒高宴。中秋夜。觴姬與辟疆於河亭。演懷寧新劇燕子箋。時秦淮女郎滿坐。皆激揚歎羨。以姬得所歸。爲之喜極淚下。榜發。辟疆復中副車。而副憲公不赴新調。請告適歸。且姬索逋者衆。又未易落籍。辟疆仍力勸之歸。而以黃衫押衙。託同盟某刺史。刺史莽。衆譁挾姬。匿之。幾敗事。虞山錢牧齋先生。維時不惟一代龍門。實風流教主也。

素期許辟疆遠甚。又愛姬儁識。聞之。特至半塘。令柳姬與姬爲伴。親爲規畫償家意滿時。又有大師以千金爲姬與辟疆壽。而劉大行復佐之。公三日。遂得了一切集遠近與姬餞別於虎邱。買舟以手書並盈尺之券。送姬至如臯。又移書與門生張祠部爲之落籍。八月初。姬南征時。聞夫人賢甚。時令其父先至如臯。以至情告夫人。夫人辟疆喜諾已久矣。姬入門後。智慧絡繹。上下內外大小罔不妥悅。與辟疆日坐畫苑書圃中。撫桐瑟。賞茗香。品評人物山水。鑒別金石鼎彝。閒吟得句。與採輯詩史。必捧研席爲書之。意所欲得與意所未及。必控弦追箭以赴之。卽家所素無。人所莫辨。倉猝之間。靡不立就。相得之樂。二人極矣。天壤間未之有也。申酉崩折。辟疆避難渡江。與擧家遁浙之鹽官。履危九死。姬不以身先則願以身後。寧使兵得我則釋君。君其待我於泉府耳。中間智計百出。保全實多。後辟疆雖不死於兵。而瀕死於病。姬凡侍藥不寢食者。必百晝夜。事平。始得同歸故里。前後凡九年。年僅二十七歲。以勞瘵病卒。其致病之繇。與久病之狀。並隱微難悉。詳辟疆憶語哀辭中。不惟千古神傷實堪令奉倩安仁閣筆也。

柳如是

柳夫人字如是。虞山錢牧齋宗伯愛姬也。慧倩工詞翰。在章台日。色藝冠絕一時。才雋奔走。枇杷花下。車馬如烟。以一厠掃眉才子列爲重。或投竿銜餌。效玉皇書仙之句。紙啣尾屬。柳視之蔑如也。卽空吳越無當者。獨心許虞山。曰隆準公。卽老。夐絕古今。亦一代顚倒英雄手。而宗伯公亦雅重之。曰。昔人以遊蓬島。宴桃溪。不如一見溫仲圭。可當吾世失此人乎。遂因緣委幣。柳既歸宗伯。相得歡甚。題花咏柳。殆無虛日。每宗伯句就。遺鬟矜示。柳擘鉢之頃。蠻箋已至。風追電躡。未嘗背地步讓。或柳句先就。亦走鬟報賜。宗伯畢力盡氣。經營慘淡。思壓其上。比出相視。亦正得匹敵也。宗伯氣骨蒼峻。虬窫百尺。柳未能到。柳幽艷秀發。如芙蓉秋水。自然娟媚。宗伯公時亦遜之。於是旗鼓各建。閨閣之內。隱若敵國云。宗伯於柳不字。名署柳君。吳中人寵柳之遇。稱之直曰柳夫人。宗伯生平善遭。晚歲多難。益就窶蹙。嗣君孝廉某故文弱。鄉里豪黠頗心易之。又嗛宗伯公墻宇孤峻。結侶伺釁。丙午某月。宗伯公卽世。有衆驟起。以責逋爲口實。譟而環宗伯門。搆捶詬誶。極於虢辱。孝廉魂魄喪失。莫知所出。柳夫人於宗伯易簀日。已蓄殉意。至是泣然起曰。我當之。好語諸惡少。尚書寧盡負若曹金。卽貧固尚書事。無與諸兒女身。在第少需之。諸惡少聞柳夫人言。謂得所欲。鋒稍戢。然環如故。柳中夜刺血書訟牘。遣急足詣郡邑告難。而自取縷帛結項死。尚書側且日。郡邑得牘。又聞柳夫人死。遣隷四出。捕諸惡少。問殺人罪。皆雉竄兎脫。不敢復履界地。債盡得釋。孝廉君德而哀之。爲用匹禮。與尚書並殯某所。吳人士嘉其志烈。爭作詩誄美之。至累帙云。

李香君

李姬者、名香。母曰貞麗。貞麗有俠氣。嘗一夜博。輸千金立盡。所交皆當世豪傑。尤與陽羡陳貞慧善。姬爲其養女。亦俠亦慧。略知書。能辨別士大夫賢否。張學士溥、夏吏部允彝、亟稱之。少小風調皎爽不羣。十三歲、從吳人周如松受歌玉茗堂四傳奇。皆能盡其音節。尤工琵琶詞。然不輕發也。雪苑侯生、己卯來金陵。與相識。姬嘗邀侯生爲詩。而自歌以償之。初皖人阮大鋮者。以附魏忠賢論城旦。屏居金陵。爲淸議所斥。陽羨陳貞慧、貴池吳應箕、實首其事。持之力。大鋮不得已。欲侯生爲之解。乃假所善王將軍。日載酒食與侯生游。姬曰、王將軍貧非結客者。公子盍叩之。侯生三問將軍。乃屏人述大鋮意。姬私語侯生曰。妾少從假母識陽羨君。其人有高義。聞吳君尤錚錚。今皆與公子善。奈何以阮公而負知交。且以公子之世望。安事阮公。公子讀萬卷書。所見豈後于賤妾邪。侯生大呼稱善。醉而臥。王將軍者殊怏怏。因辭去不復通。未幾。侯生下第。姬置酒桃葉渡。歌琵琶詞以送之。曰公子才名文藻。雅不減中郎。中郎學不補行。今琵琶所傳詞固妄。然嘗昵董卓。不可掩也。公子豪邁不羈。又失意。此去相就未可期。願終自愛。無忘妾所歌琵琶詞也。妾亦不復歌矣。侯生去後。而故開府田仰者。以金三百鍰。邀姬一見。姬固卻之。開府慚且怒。且有以中傷姬。姬歎曰。田公甯異於阮公乎。吾向之所贊於侯公子者謂何。今乃利其金而赴之。是妾賣公子矣。

卒不往。

顧橫波

顧媚、字眉生。明末之名妓也。歸廬江龔芝麓。(字季子)工詩善畫蘭。自署橫波夫人。性沉靜寡言笑。居恒自損抑。弗欲與人較低昂。美如碧玉。賢如綠珠。慧敏如婕妤。風雅如道蘊。居在秦淮河畔。曰眉樓。時人呼為顧樓。(今南都顧樓街卽其故址)顧雖託足平康。能葳蕤自守。初無儇薄名。欲擇人而事。當時名士多如鯽。苦無一當意者。時季子為大司馬。骨鯁不阿。朝野咸欽。橫波心向往焉。而分隔雲泥。無緣謀面。付之一嘆而已。會季子飲友人家。醉後忘形。薄游河上。因與橫波遇。一見傾心。遽訂白首。旋納為小星。閨房之樂。固有甚於畫眉者。未幾。李闖犯順。滿人入關。季子咄咄書空。不知所措。橫波笑罵曰。君鬚眉如戟。何無丈夫氣。且司馬握天下之兵柄。効命疆場。固分內事。敵來則戰。勝敗聽之於天。憂懼何為者。季子無奈。請命帥師而出。橫波自其去也。獨處一樓。足不逾閾。吟咏之餘。輒事刺繡。所謂顧繡欄杆。色倍妍者也。越一載。忽報季子歸橫波問司馬奚似。侍者曰。銀冑金甲。威儀勝於曩時。橫波嘆曰。季子降滿矣。無何。季子至。自言已受清封。面有得色。橫波鄙之。曰。妾昔多君忠直。故願充下陳。今君爲滿朝新貴。妾爲明室遺民。義不能再侍巾櫛。乞原恕之。季子無辭以對。掛冠隱去。自是眉樓戶限無季子之足迹矣。于是橫波改姓徐。抑鬱成疾而沒。湘人何紹基有金陵雜述十章。其一章則顧事也。詩云、閒居好事鄰園汪。蘭蕙春深處處香。纖腕妙題餘駐鶴。於今亂石不成行。蓋金陵鄰園石峯上刻有橫波所書駐鶴兩字也。或謂橫波歸臨洮太守某。城陷。爲清兵所得。不屈。墜樓而死。兩說未知孰是。要之橫波爲明末名妓。臨難不苟。則不誣也。嗚呼、明室之亡也。鬚眉紳縉而不能堅其志操。不爲二臣者。四海之大有幾人歟。獨橫波生於編戶之家。隸入青樓之籍。激於大義之死。靡他。爲士大夫之所不能爲。是眞可風也已。

卞玉京

卞賽、一曰賽賽。後爲女道士。自號玉京道人。知書。工小楷。善畫蘭。鼓琴。喜作風枝嫋娜。一落筆畫十餘紙。年十八。遊吳門。居虎邱。湘簾棐几。地無纖塵。見客初不甚酬對。若遇佳賓。則諧謔間作。談詞如雲。一座傾倒。尋歸秦淮。遇亂。復遊吳門。吳梅村學士作聽女道士卞玉京彈琴歌贈之。中所云。昨夜城頭吹篳篥。敎坊也被傳呼急。碧玉班中怕點留。樂營門外盧家泣。私更粧束出江邊。恰遇丹陽下渚船。剪就黃絁貪入道。携來綺緞訴嬋娟者。正此時也。在吳作道人裝。然亦閒有所主。侍兒柔柔。承奉硯席如弟子。指揮如意。亦靜好女子也。踰兩年。渡浙江。歸於東中一諸侯。不滿意。進柔柔當夕。乞身下髮。後歸吳。依良醫鄭保御。築別館以居。長齋繡佛。持戒律甚嚴。刺舌血書法華經以報保御。又十餘年而卒。葬於惠山祗陀庵錦樹林。

陳圓圓

圓圓、陳姓。玉峯歌妓也。聲甲天下之聲。色甲天下之色。崇禎癸未歲。總兵吳三桂慕其名。齎千金往聘之。已先爲田畹所得。時圓圓以不得事吳。怏怏也。而吳更甚。田畹者、懷宗妃之父也。年耄矣。圓圓度流水高山之曲以歌之。畹每擊節。不知其悼知音之希也。甲申春。流氛大熾。懷宗宵旰憂之。廢寢食。妃謀所以解帝憂者。於父畹。進圓圓。圓圓掃眉而入。冀邀一顧。帝穆然也。旋命之歸畹第。時闖師將迫畿輔矣。帝急召三桂。對平臺。錫蟒玉。賜上方。託重寄。命守山海關。三桂亦慷慨受命。以忠貞自許也。而寇深矣。長安富貴家。胥皇皇。畹憂甚。語圓圓。圓圓曰。當亂世而公無所依。禍必至。曷不締交於吳將軍。庶緩急有藉乎、畹曰。斯何時。吾欲與之繾綣。不暇也。圓圓曰。吳慕公家歌舞有時矣。公鑒於石尉。不借入看。設玉石焚時。能堅閉金谷邪。盍以此請。當必來。無却顧。畹然之。遂躬迓吳觀家樂。吳欲之而故郤也。强而可。至則戎服臨筵。儼然有不可犯之色。畹陳列益盛。禮益恭。酒甫行。吳卽欲去。畹屢易席。至邃室。出羣姬調絲竹。皆殊秀。一淡粧者。統諸美而先衆音。情豔意嬌。三桂不覺其神移心蕩也。遽命解戎服。易輕裘。顧謂畹曰。此非所謂圓圓耶。洵傾人城矣。公寗勿畏而擁此耶。畹不知所答。命圓圓行酒。圓圓至席。吳語曰、卿樂甚。圓圓小語曰。紅拂尙不樂越公。矧不逮越公者耶。吳頷之。酣飲間。警報踵至。吳似不欲行者。而不得不行。畹前席曰。

設寇至。將奈何。吳遽曰。能以圓圓見贈。吾當保公家先於保國也。畹勉許之。吳卽命圓圓拜辭畹。擇細馬䭾之去。畹爽然無如何也。帝促三桂出關。三桂父督理御營名驤者。恐帝聞其子載圓圓事。留府第。勿令往。三桂去。而闖賊旋拔城矣。懷宗死社稷。李自成據宮掖。宮人死者半。逸者半。自成詢問內監曰。上苑三千。何無一國色。內監曰。先帝屏聲色。鮮佳麗。有一圓圓者。絕世所希。田畹進帝。而帝卻之。今聞畹贈三桂。三桂留之其父吳驤第中矣。是時驤方降闖。闖卽向驤索圓圓。且籍其家。而命其作書以招其子也。驤俱從命。進圓圓。自成驚且喜。遽命歌奏吳歈。自成蹙額曰。何貌甚佳而音殊不可耐也。卽命羣姬唱西調。操阮箏琥珀。已拍掌以和之。繁音激楚。熱耳酸心。顧圓圓語。此樂何如。圓圓曰。此曲祇應天上有。非南鄙之人所能及也。自成甚嬖之。隨遣使以銀四萬兩犒三桂軍。三桂得父書。欣然受命矣。而一偵者至。詢之曰。吾家無恙耶。曰爲闖籍矣。曰吾至當自還也。又一偵者至。曰吾父無恙耶。曰爲闖拘縶矣。曰吾至當卽釋也。又一偵者至。曰陳夫人無恙耶。曰爲闖得之矣。三桂拔劍砍案曰。果有是。吾從若耶因作書答父。略曰、兒以父蔭。待罪戎行。以爲李賊猖狂。不久卽當撲滅。不意我國無人。望風而靡。側聞聖主晏駕。不勝眦裂。猶意吾父奮椎一擊。誓不俱生。否則刎頸以殉國難。何乃隱忍偸生。訓以非義。旣無孝寬禦寇之才。復愧平原罵賊之勇。父旣不能爲忠臣。男安能爲孝子乎。兒與父決。不早圖賊。雖置父鼎俎旁以誘三桂。不顧也。隨效秦庭之泣。乞滿師以剿巨寇。先敗於一片石。自成怒。戮吳驤并其家人三十餘口。欲殺圓圓。圓圓曰。聞吳將軍捲甲來歸矣。徒以妾故。又復興兵。殺妾何足惜。恐其爲王死敵。不利也。自成欲挈圓圓去。圓圓曰。妾旣事大王矣。豈不欲從大王行。恐吳將軍以妾故。而窮追不已也。王圖之。度能敵彼。妾卽褰裳跨征騎。自成仍凝思。圓圓曰。妾爲大王計。宜留妾緩敵。當說彼不追。以報王之恩遇也。自成然之。於是棄圓圓。載輜重。狼狽西行。是時也。闖膽已落。一鼓可滅。三桂復京師。急覓圓圓。旣得。相與抱持。喜泣交集。不待圓圓爲闖致說。自以爲法。戒窮追。聽其縱逸。而不復問矣。旋受滿封。建蘇臺。營郿鄔於滇南。而時命圓圓歌。圓圓每歌大風之章以媚之。吳酒酣。恆拔劍起舞。作發揚蹈厲之容。圓圓卽捧觴爲壽。以爲神武不可一世也。吳益愛之。故專房之寵。數十年如一日。其蓄志作謙恭。陰結天下士。相傳曰。多出于同夢之謀。而世之不知者。以三桂能學申胥以復君父大仇。忠孝人也。曷知其乞師之故。蓋在此而不在彼哉。厥後尊榮南面三十餘年。又復浪沸潢池。致勞撻伐。跋扈艷妻同歸殲滅。何足以償不子不臣之罪也。

馮小青

小青者、虎林某生姬也。家廣陵。與生同姓。故諱之。僅以小青字云。姬夙根穎異。十歲遇一老尼。授心經一再過。了了。覆之。不失一字。尼曰、是兒早慧福薄。願乞作弟子。卽不爾。無令識字。可三十年活耳。家人以爲妄。嗤之。母本女塾師。隨就學。所遊多名閨女。遂得精涉諸技。妙解聲律。江東固佳麗地。或諸閨彥雲集。茗戰手語。衆偶紛然。姬隨變酬答。悉出意表。人人唯恐失姬。雖素嫺儀則。而風期異艷。綽約自好。其天性也。年十六歸生。生豪公子也。性嘈唼。憨跳不韻。婦更奇妒。姬曲意下之。終不解。一日隨遊天竺。婦問曰。吾聞東方佛無量。而世多專禮大士者何。姬曰、以其能慈悲耳。婦知諷。已笑曰、吾當慈悲汝乃徙之孤山別業。誡曰、非吾命而郎至。不得入。非吾命而郎手札至。亦不得至。姬自念彼置我間地。必密伺短長。借莫須有事以魚肉我。以故深自斂戢。婦或出遊。呼與同舟。遇兩隄之馳騎挾彈遊冶少年。諸女伴指點謔躍。倏東倏西。姬澹然凝坐而已。婦之戚屬某夫人者。才而賢。就姬學奕。絕愛憐之。因取巨觴觴婦。瞯婦已醉。徐徐語姬曰。船有樓。我伴汝一登。比登樓。遠眺久之。撫姬背曰、好光陰可惜。毋自苦。章台柳亦倚紅樓。盼韓郎走馬。子作蒲團空觀邪。姬曰、賈平章劍鋒可畏也。夫人笑曰。子悞矣。平章鈍劍。女平章乃利害耳。頃之。從容諷曰。子既嫺禮則。又多技能。而風流綽約復爾。豈當墮羅刹國中。吾雖非女俠。力能出子于火坑。頃言章台柳。子非會心人邪。天下豈少韓君乎。且彼縱善遇子。子終向党將軍帳下作羔酒侍兒乎。姬曰、夫人休矣。妾幼夢手折一花。隨風片片着水。命止此矣。夙業未了。又生他想。彼冥曹姻緣簿。非吾如意珠。再辱奚爲。徒供羣口畫描耳。夫人嘆曰。子言亦

是。吾不子強。雖然、子亦宜自愛。彼或好言。飲食汝。乃更可慮。即旦夕所須。第告我無
害。因相顧泣下霑衣。徐拭淚還座。尋別去。夫人每向宗戚語。及無不咨嗟嘆息云。姬
自後幽憤悽惻。俱托之詩或小詞。而後夫人亦旋宦遠方。姬益寥閒。遂感疾。婦命醫
來。仍遣婢捧藥至。姬佯感謝。婢出。擲藥床頭。嘆曰、吾即不願生。亦當以淨體皈依。作
劉安雞犬。豈以一盃鴆斷送耶。然病益不支。水粒俱絕。日飲梨汁一盞許。益明妝冶服。
擁襆欲坐。或呼琵琶婦唱盲詞以遣。雖數暈數醒。終不蓬首偃臥也。忽一日語老嫗
曰。可傳語寃業郎。覓一良畫師來。師至命寫照。寫畢、攬鏡熟視、曰、得吾形似矣。未盡
吾神也。姑置之。又易一圖。曰、神是矣。而風態未流動也。若見我而目端手莊太矜持
故也。姑置之。命捉筆於旁。而自與嫗指顧笑語。或箑茶鐺。簡圖畫。或代調丹碧諸色。
縱其想會。久之復命成圖。圖成。極妖纖之致。笑曰、可矣。師去。即取畫供榻前。爇茗香。
設梨酒奠之曰。小青小青。此中豈有汝緣分耶。撫几而泣。淚雨潸潸下。一慟而絕。時
萬歷壬子歲也。年纔十八耳。哀哉。人美於玉。命薄於雲。瓊蕊優曇。人間一現。欲求如

杜麗娘牡丹亭畔重生。安可得哉。日向午。生始踉蹌來。披帷見容。光藻逸發。衣袂鮮好如生。前無病時。忽長號頓足。嘔血升餘。徐簡得詩一卷。遺像一幅。又一緘寄某夫人。啟視之。敘致惋痛。後書一絕句。生痛呼曰。吾負汝。吾負汝。婦聞恚甚。趨索圖。乃匿第三圖。以第一圖進。立焚之。又索詩。詩至。亦焚之。廣陵散從茲絕矣。悲夫。楚焰成烈。何不以紀信誑之。則罪不在婦。又在生耳。乃再簡草稿。業散失盡。而姬臨卒時。取花鈿數事。贈嫗之小女。襯以二紙、正其詩稿。得九絕句、一古詩、一詞。併所寄某夫人者共二十篇。古詩云。雪意閣雲雲不流。舊雲正壓新雲頭。米顛顛筆落牕外。松嵐秀處當我樓。垂簾只愁好景少。捲簾又怕風繚繞。簾捲簾垂底事難。不情不緒誰能曉。爐烟漸瘦剪聲小。又是孤鳴唳悄悄。絕句云、稽首慈雲大士前。莫生西土莫生天。願為一滴楊柳水。灑作人間並蒂蓮。春衫血淚點輕紗。吹入林逋處士家。嶺上梅花三百樹。一時應變杜鵑花。新粧竟與圖畫爭。知在昭陽第幾名。瘦影自臨流水照。卿須憐我我憐卿。西陵芳草騎轔轔。內使傳來喚踏春。盃酒自澆蘇小墓。可知妾是意中人。

冷雨幽牕不可聽。挑燈閒看牡丹亭。人間亦有癡於我。豈獨傷心是小青。何處雙禽集畫闌。朱朱翠翠是青鸞。如今幾個憐文彩。也向秋風鬥羽翰。脉脉溶溶灩灩波。芙蓉醒睡欲如何。妾映鏡中花映水。不知春思落誰多。盈盈金玉女班頭一曲驪珠衆伎收。直得樓前身一死。季倫原是解風流。鄉心不畏兩峯高。昨夜慈親入夢遙。見說浙江潮有信。浙潮爭似廣陵潮。其天仙詞云、文姬遠嫁昭君塞。小青又續風流債。也虧一陣黑罡風。火輪下。抽身快。單單別別清涼界。不是鶯鶯一派。休算做相思一概。自思自解自商量。心可在。魂可在。着衫又撚裙雙帶。爲某夫人書云、元元叩首瀝血致啟夫人台坐。下關頭祁帳。迴隔人天。官舍良辰。當非寂度。馳情感往。瞻睇慈雲。分燠噓寒。如依膝下。糜身百體。未足云酧。娣娣姨姨無恙。猶憶南樓元夜。看燈諸謔。姨指畫屏中一憑欄女郞曰。是妖嬈兒倚風獨盼。恍惚有思。當是阿青。妾亦笑指一姬曰。此執拂狻鬟。儉近郞側。將無似娣乎。於時角彩尋歡。纏綿徹曙。寧復至風流雲散。遂有今日乎。往者仙槎北渡。斷梗南樓。猖語哮聲。日爲三至。漸乃微詞含吐。亦如尊旨云云。竊揆鄙衷。未見其可。夫屠肆苦心。餓狸悲鼠。此直拱其換馬。不卽辱以當壚。去則弱絮風中。住則幽蘭霜裏。蘭因絮果。現業誰深。若使祝髮空門。洗粧浣盧。而艷思綺語。觸緒紛來。正恐蓮性雖胎。荷絲難殺。又未易言此也。乃至遠笛哀秋。孤燈聽雨。雨殘笛歇。謖謖松聲。羅衣壓肌。鏡無乾影。晨淚鏡潮。夕淚鏡汐。今茲雞骨。殆復難支。痰灼肺然。見粒而嘔。未知生樂。焉知死悲。憾促歡淹。無乃非達。妾少受天顯。機警靈捷。豐茲嗇彼。理詎能雙。然而神爽有期。故未應寂寂也。至其淪忽。亦非至今。結縭以來。有宵糜旦。夜台滋味。諒有殊斯。何必紫玉成烟。白花飛蝶。乃謂之死哉。或軒車南返。駐節維揚。老母惠存。如妾之受阿秦。可念幸終垂憫。疇昔珍贈。悉令見殉。寶鈿綉衣。福星所賜。可以超輪消刧也。然十六娘竟先期相俟。不憂無伴。附呈一絕。亦是鳥語鳴哀。其詩集小像。托陳嫗好藏。覓便馳寄。身不自保。何有于零膏冷翠乎。他時於船堤下。探梅山中。開我西閣。坐我綠陰牀。髣髴生平。於響像見室幃之寂颺。是耶非耶。其人斯在。嗟乎夫人。明冥異路。永從此辭。玉腕珠顏。行就塵土。興思及此。慟也何如。元元叩首叩首上。後附絕句云。百結迴腸寫淚痕。重來惟有舊珠門。夕陽一片桃花影。知是亭亭倩女魂。生之戚某集而刻之。名曰焚餘。

曼殊

曼殊、豐台賣花翁女。生時。母夢鄰嫗以白花一當寄使賣於前鄰奶奶廟者。後隣錢氏。疑昔者乃錢氏嫗。因名阿錢。販錢慧甚。能效百鳥音。京師販兒推貨車行叫賣。嚶嚦不可辨、阿錢遙聞便知之。十歲。前村學針線。把剪卽能刻花種人獸。不搆譜。儼然熟習者。客有以千錢購番繡旛燈於前村家。阿錢方學繡。立應之去。既長。色白。目有曼光。十指類削玉。黝髮委地。可鑑纔攏頭。作十種名。最上以髮拂綰作連環百結蟠頂上。名百環髻。顧性貞靜。十二。從廟歸。路人觀者嘖嘖稱好女。則大慍。歸不再出。予來京師。谿都夫子爲予謀買妾。有以阿錢言者。豫遣二世兄往視。不許。先是。阿錢病。西山尼師過其門。咨嗟曰。阿錢不年。不宜爲人妻。或曰爲小妻卽免。遂決計作妾。然往請者率驕貴。深不自願。及二世兄往。謂猶是相公家也。越數日。予親往詗。予甚喜。

且有謬譽予善文者。是夜予夢大士取盎中花。手授予次日插瓻其母。兄與其母疑予年大又貧且相傳婦妒欲悔之。阿錢不然。及娶阿錢檢討陳君就予飲更名曼殊。曼殊佛花也。曼殊既歸。執摯願從學。取書觀有悟才把筆。卽能畫字其字每類予。見者輒謂予假爲之。嘗爲予書刺。早起呵凍連作十餘刺。心痛遽罷。予生平好歌。至是酒後歌。每歌必請予復之。三復則已能矣。按板度節。絲毫不得爽。尤喜歌眞定夫子祝家園詞第苦無彈者。不可已。呼盲女街前琵琶。聽數曲。諦視其攏撚剔撥。遂能彈。顧得奇疾。初書刺心痛。謂腕寒也。既謂傷肝。輸東風木揚。春作秋止。又既謂中濂。有瘕癖在胃傍。氣積不行。歷數載。審候終不得其要領。每疾作。遍體若傅。使婢按摩之。不足。以帔作兜負之行。又不足。縋筐而坐之。東西推挽。若鞦韆然。嘗夢鄰廟奶奶喚歸去。一日攜兒至。曰、汝本吾家物。我擠眼。汝當隨我行。其兒曰、家去罷。不去。奶奶么喝。醒乃刻桃木爲偶人。飾以衣。被以生平所梳百鬟髻。流涕送廟間。乃復圖其形名留視圖。而題詩焉。初予婦將至。徙居南西門墳園。慮不容也。益都夫子憐其窮。强余開閤而曼殊難之。其後有假予意逼遣之者。曼殊死復活。至是病轉劇。嘗曰、令吾小可者。吾當爲尼懺除之。既而謂予曰、向阿三病時。予藉其園居邀君日來以爲幸。今君將南行。而予以病殘留尼寺中。其能來乎。泣曰、他日君歸者。吾請以尼隨君行。惟君置之。既而病發。死。死時羸甚。及斂面有生色。坐而衣。骨節緩澤如平時。初陳檢討孺人死。索予爲墓銘。而貽予以絹。絹淺黃色。爲製裙而喜。囑曰、假使貽絹有桃暈紅者。當製一裙。越四年。無有貽者。既斂。乃賣金槽裁一裙。納柳棺中。

程弱文

弱文、程氏、名璋。歙人程某之女也。其母夢吞花葉而生。幼極穎慧。九歲卽好弄翰墨。工詩文。日摹曹娥、麻姑諸帖。書法尤稱精楷。性復喜植花。更喜花葉。能於如錢蓮葉熨製爲箋。書心經一卷。及笄。適里人方元白。伉儷甚歡。元白偕友人吳某作客廣陵。弱文憂形顏色。不能自已。嘗作詩文緘寄元白。元白開緘。輒閉戶欷歔悵惋累日。一日平頭復持緘至。友人伺其出。私啟視之。乃製新柳葉二片。翠碧如生。各書絕句一首。其一曰、楊柳葉青青上有相思紋。與君隔千里。因風猶見君。其二曰、柳葉青復黃。君子重顏色。一朝風露寒。棄捐安可測。又有染說一篇。原愁一則。寄元白文情綿惻。媚楚動人。年二十一而卒。著有文集數卷。歙人有傳之者。元白傷悼過情。終不復娶。亦不復作客。遂入天台爲僧焉。

王翠翹

王翠翹、臨淄人。幼鬻於倡。冒姓馬。假母呼爲翹兒。美姿首。性聰慧。攜來江南。敎之吳歈歌。則善吳歈歌。敎之彈胡琵琶。則善彈胡琵琶。吹簫度曲。音吐清越。執板揚聲。往往傾其座客。平康里中翹兒名藉甚。然翹兒雅淡。顧沾沾自喜。頗不工塗抹倚門術。遇大腹賈及傖父之多金者。則目笑之。不予一盼睞温語。以是假母日忿而笞駡。會有少年私翹兒金者。以計脫假母而自徙居嘉興。更名王翠翹云。當是時。歙人羅龍文饒於財。俠游結賓客。與翠翹交驩最久。兼暱小妓綠珠。而越人徐海者。狡佻貧無賴。方爲博徒所窘。獨身跳翠翹家。伏匿不敢晝見人。龍文習其壯士。傾身結友。接臂痛飲。推所暱綠珠。與之薦寢。海亦不辭。酒酣耳熱。攘袂持杯。附龍文耳語曰。此一片土。非吾輩得意場。丈夫安能鬱鬱久居人下乎。公宜努力。吾亦從此逝矣。他日苟富貴。毋相忘。因慷慨悲歌。居數日別去。徐海者、杭之虎跑寺僧。所謂明山和尚者是也。居無何。海入倭爲舶主。擁雄兵海上。數侵江南。嘉靖三十五年、圍巡撫阮鶚於桐鄉。翠翹綠珠皆被擄。海一見驚喜。命翠翹彈胡琵琶以佐酒。日益寵幸。號爲夫人。斥諸姬。羅拜翠翹。既已驕愛無比。凡軍機密畫。惟翠翹與聞。乃翠翹陽爲親暱。陰實幸其覆敗。冀歸國以老。淚漬漬常承睫。洗面也。會總督胡宗憲開府浙江。善用兵。多計策。欲招致徐海。自戕麻葉陳東而離散王直之黨。迺遣華老人賚檄招降。海怒。縛華老人。將斬之。翠翹語海曰。今日之事。生殺在君。降不降何與來使。海乃釋其縛。畀金而遣之。老人歸告宗憲曰。賊勢方銳。未可圖也。然臣睨海所幸王夫人者。左右視有外心。或可藉以殲賊也。而羅龍文者。微聞是語。自喜與翠翹舊好。乃因幕府上客山陰徐渭。以見於宗憲。宗憲以鄉曲故。降階迎揖曰。生亦有意功名富貴乎。吾今用君矣。

與語大悅。遂受指。詣海營。攝舊日任俠衣冠。投刺謁海。海亟延入坐上座。置酒握龍文手曰。足下遊涉江湖。爲胡公作說客邪。龍文曰。非爲胡公作說客。乃爲故人作忠臣耳。王直已遣子納款。故人不乘此時解甲釋兵。他日必且爲虜。海愕然曰。姑置之。且與故人飲酒。錦繡音樂。備極豪侈。倜然自以爲大丈夫得志於時之所爲也。酒半。出王夫人及綠珠見龍文。龍文改容禮之。極宴。語不及私。翠翹素習龍文豪俠。則勸海遣人同詣督府。輸款解桐鄉圍。宗憲喜。從龍文計。益市金珠寶玉。陰賂翠翹。翠翹益心動。日夜說海降矣。海信之。於是定計。縛麻葉。縛陳東。約降於宗憲。至桐鄉城。冑甲而入。是時趙文華阮鶚與宗憲列坐堂皇。海叩首謝罪。又謝宗憲。宗憲下堂。摩其頂曰。朝廷今赦汝。汝勿復反。厚勞而出。海既出。見官兵大集。頗自疑。宗憲亦憐海。不欲殺。降而文華迫之。宗憲乃下令。命總兵俞大猷整師而進。會大風。縱火。諸軍鼓譟乘之。賊大潰。殲焉。海倉皇投水。引出。斬其首。而生致翠翹於軍門。宗憲大饗參佐。命翠翹歌吳歈。歌遍行酒。諸參佐或起舞。或膝席。復捧觴爲宗憲壽。宗憲被酒。大醉瞀亂。亦橫槊鄣袖。與翹兒戲。席亂罷飲。次日宗憲頗媿悔醉時事。而以翠翹賜所謂永順酋長。翠翹既隨永順酋長去。之錢唐江中。恆悒悒。掩牀嘆曰。明山遇我厚。我以國事誘殺之。斃一酋。又屬一酋。吾何面目生乎。向江潮長號。大慟投水而死。

連兒

吳三桂之寵妾。人第知爲陳圓圓。而不知又有連兒也。連兒年十七。留待三桂。頗蒙寵愛。姿容秀麗。尤長詩詞。洎三桂敗。連兒爲趙良棟步將所得。未幾卽死。其絕命詞中。有君王不得見。妾命薄如烟之句。麗質淸才。猶非圓圓所能及也。

張麗人

麗人、姓張氏。其母吳倡也。以善歌。轉籍入粵。生麗人。體貌瑩潔。性質明慧。幼卽能記歌曲。尤好詩詞。每吟唐人銅雀春深之句。自名二喬。客或語二喬雙稱也。不如呼爲小喬。麗人應聲曰。兼全雙璧。名有相當。因笑指鏡中影曰。此亦一喬也。於是二喬之名。豔稱於時。麗人稍長。其母將擇伶之美者贅焉。仙城豪貴。謀爲落籍。有以三斛珠挑之者。麗人堅不爲動。長歎辭曰。我母愛我。不可蹔離。且已委身字人。蝶粉可污。燕巢終在。不聊勝入他人之手。吼獅換馬。又隨風漂泊哉。年甫及笄。麗人隨諸伶於村墟賽神作劇。夜宿水二王廟。夢王刻期聘之爲妃。醒而以語其母。泣然淚下。拍板而歌羅郎比紅之曲。宛轉悲愴。及期無疾而逝。粤人黎美周誌其墓曰。嗟乎、予知麗人。故不屈於勢者。王何由致之。豈洛水凌波。乃符銅雀之讖耶。若夫粉黛何假。美人何貴。艷色等空。春花易謝。後之過者。知爲麗人埋香處。明月爲鏡。清風引簫。好鳥和歌。蛺蝶自舞。徘徊其間。倘有霧鬢風鬟。一唱三歎者出焉。能不爲傳書之柳毅乎。

秀雲

明晉王樂府長秀雲。聲容冠一時。善畫蘭。工小楷。操琴。漢宮秋稱絕調。又能以琵琶彈普唵咒與琴入化。文人學士多與之游。共字之曰明霞。嗣爲輕薄子所紿。傾囊相委。久而知其負己。抑鬱而逝。淹殯積歲。傅青主聞而憐之。召僧尼導引郊外。與所知詞客數輩。酹之酒而葬之。並賦聯珠詩十四首。事載山西省志。近時蔣萬里君薄游三原。作詩弔之曰。曠代琴工說秀雲。衞夫人合是前身。知音青主多同調。不數錢塘蘇小墳。教坊小字艷明霞。惆悵當年解語衣。一曲廣陵成絕調。四絃秋冷證琵琶。橫汾歌罷水南流。三晉雲山四望收。明社已墟詞客散。淒涼三字漢宮秋。哀感頑艷。頗能攄懷古之幽情耳。

瓊枝　曼仙

張獻忠破荊州。召惠州樂戶數十行酒。內有瓊枝者。色藝出羣。獻忠命之歌。曰。我雖賤。豈肯以歌侑賊觴。毅然弗從。以刃挾之。曰。汝技止此耳。我不畏死。奈我何哉。獻忠臠之。喂犬。同時有曼仙者。獻忠亦召至。極逞技能。刻意逢迎。獻忠大悅。寵倖無比。獻忠每夜將寢。必豪飲。曼仙侍。是夕曼仙置毒於酒。滿斟以奉獻忠。妮之手挽其頸曰。汝先飲此。卻之不得。立飲而斃。獻忠始覺。碎礫其屍。噫。當獻忠猖獗時。守土諸臣皆望風逃潰。納款稱臣。峩冠世儒。效奔走於指揮之下。瓊枝曼仙。均一妓耳。奮不顧身。視死如飴。不更賢於忠臣義士之爲邪。若瓊枝之死。曼仙之毒賊。成亦死。不成亦死。

成則爲國殺賊。而身死於賊衆之手。其如天佑賊人。先斃於飲。事雖不成。其烈俠之氣。可令千載憤嘆也。乃既不得如英烈夫人來朝廷褒贈之典。又不若徐氏獲名人詞翰之光以風世。惜哉。

明代軼聞卷四終

明代軼聞 卷五

異人錄

愛鐵道人

愛鐵道人、逸其姓名。雲南人也。少時曾爲郡中諸生。明亡。即棄家爲道士。冬夏無衣褌。惟以尺布掩下體。不火食。所食者瓜蓏蔬果。滇中四時皆暖。雖臘月有鱗物。故道人竟辟穀。性愛鐵。見鐵輒喜。必膜拜向人乞之。頭項肩臂以至胸背腰足。皆懸敗鐵。行路則錚錚有聲。如披鎧。自號曰愛鐵道人。久之。言人禍福多奇中。愚男女以神仙奉之。而道人亦遂以神仙自居。更號曰愛鐵神仙。嗜飲。市人爭醉以酒。婦人持酒與則傾潑不飲。或詰之。則厲聲曰。若不聞孟聖人云。男女不親授受乎。於是神仙之名四走。有不遠數千百里來問凶吉。時道人寄跡破廟。日環門者數百人。道人大怒。罵曰。我何神仙。我貪酒花子耳。知底吉凶。汝輩來問我。即擎穢撒之。衆乃散。與蜀中銅袍道人張閑善銅袍者。聯銅片爲衣而服之者也。故號曰銅袍道人。嘗攜杖頭錢與愛鐵飲於市。醉則歌嗚嗚。大慟而後休。甲寅亂。二人不知所往。

狗皮道士

狗皮道士者、不知何許人。亦未詳其姓氏。明末、嘗冠道冠。躡赤舄。披狗皮乞食成都市。每至人家乞食。輒作犬吠聲。酷相類。家犬聞之。以爲眞犬也。突出吠之。道士輒與對吠不休。鄰犬聞之。亦以爲眞犬也。輒羣集遶吠之。道士怒。忽作虎嘯聲。羣犬皆辟易。每獨居破廟。至深夜。輒作一犬吠形聲。少頃作衆犬吠聲。儼然百十犬相吠也。久之。通國之犬皆吠。而達乎四境矣。歲餘。獻賊入寇。道士突至賊馬前數十步內。大作犬吠聲。獻賊怒。令羣賊策馬追殺之。道士故徐徐。賊數策馬。馬不前。獻賊益怒。令飛失射之。如雨。皆不中。獻賊益大怒。以爲妖。親馬射之。中其首。不入。矢還中賊馬。馬斃。獻賊大駭。乃已。他日獻賊僭號。元旦朝賊百官。忽見道士披狗皮列班行。執笏作犬吠聲。獻賊大怒。令羣賊縛之。道士乃大作犬吠聲。盈庭如千百犬爭吠狀。聲徹四外。

合城之犬。聞聲羣起而和吠之。聲震天地。獻賊大聲呼眾皆不聞。爲犬吠聲亂也。獻賊大驚而退。既退。犬聲息。道士亦不知何往。

鐵娘子

明末成都市上之乞食者。又有一女子。自稱鐵娘子。腰纏鐵。粗如碗。環數轉。自西之東。疾走大呼曰。鐵娘子失去鐵牛一頭。報信者予錢十萬貫。賊以爲妖。帥騎兵亂射之。矢如飛蝗。卒無一中。賊乃大怖。歸而病。未幾。清兵至。即中創死。鐵娘子後從狗皮道士仙去。

花隱道人

道人姓高氏、名曨。字公旦。其先世晉人也。商於揚。遂家焉。至道人貧矣。從商而讀。顧讀異書。不喜沾沾行墨。能以己意斷古今事。見世竊儒冠目瞶瞶然者。棄去羞與伍。慕朱家郭解爲人。尙俠輕財。急人困。然砥行愼交遊。里中少年有不逞者。始畏道人知。既事蹶張。則又求道人。道人予其自新。亦時援手。故揚人傾心。四方賢豪來者。聞道人名。多結歡焉。甲申知亂將作。移家避南徐。時閫帥鱗集江上。爭羅致道人幕下。道人知事不可爲。蠖伏自汚。卒得以全。乙酉揚中兵禍慘。民鳥獸散。道人獨先衆入城。訪親知。弔死扶傷。陰行善多。然道人是時感念深矣。自以遭時變亂。年壯志摧。流離困折。無復風塵馳驟之思。乃築室黃子湖中。棄其鮮肥。素習衣大布衣。韡冠草履。曳杖籬落間。挽漁父牧兒與飲。飲輒醉。放歌湖濱。湖水爲之沸。揚似鳴不平者。未幾歲大澇。居沉於水。道人曰。未聞巢父買山而隱。獨支遁見譏耶。古之大隱。有隱市者。吾何爲不然。爰走揚城東南隅。卜地宅之。躬荷鍤。撥瓦礫。結廬數楹。一几一榻。張琴列古書畫。攜一妻二子。婆娑偃息其中。陶陶然樂也。宅旁築匡墻。植菊五百本。一僕長鬚赤腳。善橐駝之術。道人率之藝植溉灌。夏日當午。蟲有長頸烏喙。寇菊顛者。秋有白皙如蠶。啖菊根者。必伺而攻去之。二爲渠魁。他蟲種種。咸治無赦。道人察其患害而保護朝夕。故菊茂於常。始自蓓蕾。以及爛漫。其列也如屏。散也如星。疊也如錦。其色如玉。如金。如霞。如雪。其味如元酒。其香如薝蔔。道人洞開其門。門如市。虛闢其堂。堂如肆。往來如織。觀者如堵。不見主人。見其扁額曰花隱。咸謂之花隱道人。若忘其昔之爲高公旦著。其友梅溪朱一是誚之曰。子隱於花則善矣。然花隱之名益著得非畏影而走日中者邪。吾見子之愈走而影不息也。道人嘻然笑而不答。編者曰較之我家和靖先生之隱於孤山。當何如也。

賣花老人

賣花老人、不知何許人。家往維揚瓊花觀後。茅屋三間。傍有小閣。室中茗椀丹竈經案繩牀。皆楚楚明潔。柴門內方廣二畝。以種草花爲業。家嘗有五色瓜。云卽昔之廣陵人邵平種也。所種芍藥、玫瑰、虞美人、鶯粟、洛陽、夜合、萱草、蝴蝶、夜落金錢、剪春羅、剪秋羅、朱蘭、藍菊、白秋海棠、雁來紅、共十數種。朝晨擔花向紅橋坐賣。遇文人墨客卽贈花換詩而歸。或遇俗子購之。必數倍其價。得錢沽酒痛醉。餘者卽散諸乞兒。市人笑爲花顚。嘗九日渡江。經旬不歸。人問之。答曰。吾訪故人殷七七於鐵甕城中耳。袖中出杜鵑花一枝。紅芬可愛。所往來者。有筆道人、珏道人、圍棋烹茗爲樂。珏道人、疑卽唐廣陵人李珏。以販糴爲業成仙者。筆道人、疑卽宋建炎中顏筆仙耳。昔瓊花觀中有黃冠持畫一軸。獻帥守。字皆雲章鳥篆不可識。使人尾之。乃入觀後井中。玉勾洞天深處相傳老人或爲童子。或爲黃鶴。千年於茲矣。識者謂卽黃冠後身云。

啞道人

啞道人、不知其名姓。以其口不能言。書以代語。遂呼之曰啞道人。道人往來齊魯間久。漸有知其生平者云。道人少讀書爲諸生。有聲庠序間。以敗檢爲學使者褫其衿。走遼左從軍。其拳勇過人。從小校至偏裨。後失律應誅。亡匿羣盜中。標掠海上。久乃遁去。隱僧寮道院間。遇異人授以修煉之術。乞食市中。舉動顚狂。往往手指其事。或書一二隱語。多奇中。有疾者求之。或以藥。或以所乞食與之。無不愈。一日值淮陰司理出。道人以一紙投之。大約云。與生前有緣。指點司理心事。募其備一棺於某日化去。司理如其請。道人偏詣諸熟識家謝。届期休沐。坐棺中舉手向送者拱揖而逝。舉之甚輕。若無人者。夫道人爲諸生。則敗檢。爲裨將。則入盜黨。是烏足語以道而異人授之超舉之術邪。豈所謂放下屠刀立地成佛者。固所不論耶。及其得道。而顚而啞。則又濟顚之酒肉寒山拾得之垢汚也。異人行徑。往往有然者。

活死人

活死人姓江、名本實、四川人。家素封。明亡。散家財棄妻子。入終南學仙。十年得其道。遂遨遊四海。既而止妙高峯。從閭老人結廬煉金丹。又十年丹成。座下弟子百餘人。推荆溪陳留王爲首。能駕雲往來。能水面上立。能峭壁間行。嘗縛虎爲騎。出入市中。活死人怒。呼而責之曰。所貴乎道者。清淨無爲也。無爲而至於無聲。方臻衆妙之門。故曰有聲之聲。延及百里。無聲之聲。延及四海。今汝所行。皆有爲也。有爲則駭世惑俗、豈清淨道哉。於是陳留王乃盡棄其術。掩關息坐三年。然後請見。活死人大悅曰。子可以授吾大道矣。既授。乃集羣弟子告曰。吾聞成功者退。今吾道既已得人。吾將隱矣。乃命掘一土穴山半。僅可容身。活死人入居之。命以土掩。毋使有隙。但朝夕來呼我可也。既埋。羣弟子如命。朝夕往呼之。活死人在土中必大聲應。三年、呼之不應矣。羣弟子乃樹以碣曰活死人之墓。

一瓢子

一瓢子。不知其姓名。性嗜酒。善畫龍。敝衣蓬跣。擔筇竹杖。挂一瓢。行歌漫罵。學百鳥語。弄羣兒聚詬以爲樂。顧其神明映徹。怪準奇顏。鬅疎起。吐語作洪鐘聲。有時衣新絳衣。假從人驕馬。擁大蓋。往來市中。觀者如堵。居澧陽。年可七十。澧人異之。或具酒蓄墨汁。乞一瓢子畫。不能得。一日飲龔孝廉園中。頹然一醉。直視沉吟。久之。座中顧曰。此一瓢子畫勢也。一瓢子骨相既奇。如鮫人龍子。更卸衣衫。羸而起舞。顧謂座客爲我高歌入塞出塞之曲。又令小兒跳號。四面交攻。已信手塗潑。煙霧迷空。座中凜凜生寒氣。飛潛見伏。隨勢而成。署其尾曰牛舜耕。問其故。笑而不答。有飲一瓢子酒年餘不能得其畫者。久之。畫一人科頭赤脚。踞地而遺。節骨隱起。作努力狀。以贈之。其善譃如此。信口輒成詩。間有隱語。多奇中。澧人漸敬之。競饋問。皆受而棄之。華陽莊靖王請改館。一瓢子不可。所居無定處。一日宿文昌祠中。禮文昌像。作梵咒像落瓦厭其腦。乃遺書莊靖。請速營葬具。吾將老焉。王如言。爲治木具。一瓢子坐其中。不覆蓋。令人舁之過市。大呼與人言別。周遍街巷。至郊外普賢菴。命衆曰。可覆我。衆不敢覆。視之已沒矣。遂覆而埋之。舉之甚輕。如空棺然。澧人於澧水橋頭著一石曰。畫龍道人一瓢子之墓。蓋明末時也。或曰。一瓢子少讀書不得志。棄去。走海上。從軍征倭寇有功。至裨將。後失律匿於羣盜。出沒吳楚間。乃以貲市妓十餘人。賣酒維揚。所得門市貲。悉以自奉。諸妓更代侍之。日擁歌舞。具飲食以自豪。凡十餘年。始亡去。乞食湖湘間。終於澧。

耕雲子

耕雲子。秦人也。隱於楚江之西。嘗有人見其登匡廬頂。攜一竹杖。衣葛藟衣。不冠。冬夏不易。見月出。則撫掌大叫。歗麋鹿不辟。從之行。見之者皆謂神仙人也。身長七尺。長髯而修下。雙瞳子炯炯。如流電光。人問其姓字。不答。性嗜酒。有餉之者。則大笑盡飲去。亦不言謝。卒有人終餉之不懈。人疾病過其處者。則止之語其故。治以藥草。遂愈。酬以錢不受。曰吾非醫也。惡用此。其行事多如此類。然其不能與人以可見者。人遂不能知也。嘗入市。衆譁之。謂其異人。趣而前。則不爲禮。各相視無語。則又兩手爬搔眼顧五老峯雲起。移時去。或曰耕雲子非秦人也。耕雲子曰。秦無人也。或曰耕雲子有道人也。龍蛇其身者也。人莫知其所自來。其隱君子邪。洪子曰、古無神仙無異人。天下有道。將安其身於煙霞泉石之中乎。夫何皇皇如也。欲與天下之士日相見哉。顧夫下有不可逆者。而終翛然長往矣。鳳集於棘。鷃雀調之。神龍潛乎深淵。終能雨此九土也。

雌雌兒

雌雌兒者、不知何許人。亦未詳其姓氏。自言崇禎時孝廉也。未幾爲道士。往來江陰無錫間。與黃介子先生善。每過其家。必袖一刺。大書年家眷弟雌雌兒頓首再拜。投入相見。必交拜。別去。必頓首。衲衣外別無他物。惟腰佩竹筒。三圍錢大。長五寸而已。後遊雲間。諸氏素封家也。有空屋三百餘楹。雌雌兒住僦之。如數與之值。既入。鍵其戶。獨坐堂上。取所佩竹筒揭蓋傾之。如芥子形者躍於地不止。須臾盡化。椅桌幃帳器皿無不具。既而復取一筒傾之。如芥子者復躍於地。須臾穀粟飲食牛羊鷄犬無不具。又以一筒傾之。則僮僕婢嫗妻妾男婦數百人皆集矣。供奔走者。除堂宇者。整器用者。頃刻如大富貴家。諸氏從門隙窺之。大驚以爲怪。於是雌雌兒乘車馬擁僕交遊通國。居久之。諸氏以爲妖。使人辭焉。雌雌兒盡以妻妾僮僕器用牛羊之類納之筒內。瓢然長往。不知所終。編者曰。雌雌兒者高士也。以幻術避世。而世卒不容之。屢遭斥逐。終遁於深山。嗚呼、士生亂世。道亦窮矣。

大鐵椎

大鐵椎、不知何許人。北平陳子燦省兄河南。與遇宋將軍家。宋懷青華鎭人。工技擊。七省好事者皆來學。人以其雄健。呼之曰宋將軍云。宋弟子高信之亦懷青人。多力善射。長子燦七歲。少同學。故嘗遇過宋將軍。時座上有健啖客。貌甚寢。右脇夾大鐵椎。重四五十斤。飲食拱揖不暫去。柄鐵摺疊。環複如鎖。上鍊引之長丈許。與人罕言語。語類楚聲。扣其鄉里及其姓氏。皆不對。既同寢。至夜半。客曰吾去矣。言訖不見。子燦見牕戶皆閉。驚問信之。信之曰、客初至不冠不韈。以藍手巾裹頭。足纏白布。大鐵椎外一物無所持。而腰多白金。吾與將軍俱不敢問也。子燦寐而醒。客則鼾睡炕上矣。一日辭宋將軍曰吾始聞汝名。以爲豪。然皆不足用。吾去矣。將軍强留之。乃曰吾嘗奪去諸響馬物。不順者輒擊殺之。衆魁請長其羣。吾又不許也。是以讐我。久居此。禍必汝。今夜半方期我決鬥某所。宋將軍欣然曰。吾騎馬夾矢以助戰。客曰。止。賊能且衆。吾欲汝護。則不快吾意。宋將軍故自負。且欲觀客所爲。力請於客。客不得已。與偕行。將至鬭處。送將軍登高堡上。曰但觀之。愼勿聲。令賊知汝也。時雞鳴月落。星光照曠野。百步見人。客馳下。吹觱篥數聲。頃之賊二十餘騎四面集。步行負弓矢從者百餘人。一賊提刀縱馬奔客。曰、奔何爲殺我兄。言未畢。客呼曰、椎。賊應聲落馬。人馬盡裂。衆賊環而進。客從容揮椎。人馬四面仆地下。殺三十餘人。宋將軍屏息觀之。戰栗欲墜。忽聞客大呼曰吾去矣。但見地塵起。黑煙滾滾。東向馳去。後遂不復至。

湯琵琶

湯應曾、邳州人、善彈琵琶。故人呼之爲湯琵琶云。貧無妻。事母甚孝。所居有石楠樹。搆茆屋。奉母朝夕。幼好音律。聞歌聲輒哭。哭已學歌。歌罷又哭。母問曰。兒何悲。應曾曰兒無所悲也。心自悽動耳。時李東垣善琵琶。江對峯傳之。名播京師。江死。陳州蔣山人獨傳其妙。時周藩有女樂數十部。咸習蔣技。罔有善者。王以爲恨。應曾乃往學之。不期年而成。聞于王。王召見。賜以碧鏤牙嵌琵琶。令著宮錦衣。殿上彈胡笳十八拍。哀楚動人。王深賞。歲給米萬斛以養其母。應曾由是著名大梁間。所至狹邪爭慕其聲。咸狎暱之。然頗自矜重。不妄爲人奏。後征西王將軍招之幕中。隨歷嘉峪張掖酒泉諸地。每獵及閱士。令彈塞上之曲。戲下顏骨打者。善戰陣。其臨敵。令爲壯士聲。乃上馬殺賊。一日至榆關。大雪。馬上聞觱篥聲。忽思母痛。遂別將軍去。夜宿酒樓不寐。彈琵琶作觱篥聲。聞者莫不隕涕。及旦。一鄰婦詣樓上曰。君豈有所感乎。何聲之悲也。妾孀居十載。依於母。而母亡。欲委身無可適者。願執箕帚。爲君婦。應曾曰。若能爲我事母乎。婦許諾。遂載之歸。襄王聞其名。使人聘之。居楚者三年。偶汎洞庭。風濤大作。舟人惶擾失措。應曾匡坐彈洞庭秋思。稍定。舟泊岸。見一老猿。鬢眉甚古。自叢篝中跳入篷牕。哀號中夜。天明忽抱琵琶躍水中。不如所在。自失故物。輒惆悵不復彈。已歸省母。母尙健。而婦已亡。惟居旁壤土存焉。母以婦亡之夕。有猿啼戶外。啟戶不見。婦謂吾曰。吾待郞不至。聞猿啼何也。吾殆死。惟久不聞郞琵琶聲。倘歸。爲我一奏石楠之下。應曾聞母言。掩抑哀痛不自勝。夕陳酒漿。彈琵琶於其墓而祭之。自是猖狂自放。日荒酒色。値寇亂。負母鬻食兵間。耳目聾瞽。鼻塞。人不可邇。召之者隔以屛障聽其聲而已。所彈古調百十餘曲。大而風雨雷霆。與夫愁人思婦百蟲之號。一草一木之吟。靡不於其聲中傳之。而尤得意於楚漢一曲。當其兩軍決戰時。聲動天地。瓦屋若飛墜。徐而察之。有金聲、鼓聲、劍弩聲、人馬辟易聲。俄而無聲。久之有怨而難明。爲楚歌聲。淒而壯者。爲項王悲歌慷慨聲。別姬聲。陷大澤有追騎聲。至烏江有項王自刎聲。餘騎蹂踐爭項王聲。使聞者始而奮。既而恐。終而涙涕不知何從也。其感人如此。應曾年六十餘。流落淮浦。有桃源人見而憐之。載其母。同至桃源。後不知所終。

嘯翁

嘯翁者、歙州長嘯老人。汪京、字紫庭。善嘯。而年又最高。故人皆呼爲嘯翁也。嘯翁嘗於淸夜獨登高峯顚。豁然長嘯。山鳴谷應。林木震動。禽鳥驚飛。虎豹駭走。山中人已寐者。夢陡然醒。未寐者。心悚然怕。疑爲山崩地震。皆旁皇罔敢寢。達旦。羣相驚問。乃知爲嘯翁發嘯也。嘯翁之嘯。幼傳嘯仙。能作鸞鶴鳳凰鳴。每一發聲。則百鳥迴翔。雞鶩皆舞。又善作老龍吟。醉臥大江濱。長吟數聲。魚蝦皆破浪來朝黿鼉多迎濤以拜。他日與黃鶴山樵天都瞎漢、瀟湘漁父、虎頭將軍、十數輩。登平山六一樓。拉嘯翁嘯。嘯翁以齒落固辭。强而後可。初發如空山鐵笛。音韻悠揚。既而如鶴唳長空。聲徹霄漢。少頃移聲向東。則風從西來。蒿萊盡伏。排闥擊戶。危樓欲動。再而移聲向西。則風從東來。闇然蕩然。如千軍萬馬馳驟於前。又若兩軍相角。短兵長劍緊接之勢。久之則屋瓦欲飛。林木將拔也。於時炷香爐而嘯。翁氣竭。昏仆於地。衆客大驚。亟呼山僧灌以沸水。半晌乃甦。歸而月印前溪矣。嘯翁能醫工畫善歌。既耄。聲猶遶梁云。

顧玉川

顧玉川、名大愚、字道民。邑東鄙楊舍人。深目戟髯。類羽人劍客。少遇異人。授神行術。三日夜達京師。六日而返。父母怪問之。玉川語以故。袖葡萄蘋果以獻。由是里中傳以爲神。性任俠。喜施舍。尤好奇服。所至兒童聚觀。常衣紙衣。行則瑟瑟有聲。冠紙冠。方如屋。高二尺。或時蓬跣行歌道中。或時幅巾深衣。肩古藤杖。杖懸葫蘆。大於身而高於頂。遇風則與偕覆。徐拄杖而起。行歌自如。渡河未常假舟。揖跨葫蘆。以杖導水上下。水而望之。如遊雲氣中。與人言。多方外駭異不根之說。人間無從詰之。獨其頃忽間往返數百里。音問不爽。道路行旅。歷歷咸見。此足奇也。明啟禎交。玉川子每游京師。月必一二過。尤厚虞山錢宗伯謙益。宗伯傳臚及第第三人。玉川子以其捷音歸。歸五日而郵報至。郵中諸少年疾馳七日夜。始抵錢氏室。則已泥金煥然。無所獲。

宗伯言於諸公卿。聞其風者。以識面爲幸。一日遠遊歸。騎白牛。披孔翠裘。戴槲笠。如車輪。手棕櫚扇。後隨一橐駝。背置大葫蘆。其旁懸罌缶纍纍然。種所得奇花草。青葱鮮潔。如山嶽自行。邑之人初未識橐駝。擁觀以爲怪。時學使者方較試六郡士。咸集。羣指顧睥眙。忽一人昂然從衆中出。紙衣紙冠。皆皂色。與玉川相對鼓掌笑。遂挽橐駝上。抱葫蘆以行。如凶禮中方相然。識者曰。此梁溪鄒公履也。玉川之好怪。而所與游多類此。玉川常乘橐駝往來旁郡縣。至毘陵驛。橐駝墜於野厠。百計挽之不能出。乃毀岸出之。而橐駝死矣。後訪道入華山。不知所終。或謂玉川實病於家。誡其子孫諱之云。

魯顚

顚不知何里人。獨行吳越間。體上裸。披單大襆。中圓一孔。下體著絮厚裩。汙重染。不易也。鬢飛蓬。足跣而跳。手一龜。龜習顚。顚俯首則龜昂首。鼻息相接。以爲常。顚所過羣兒什百怪隨之。顚卽踞地展襆。頭出中孔。伸縮像龜形。羣兒狎且笑。叉坦腹。命羣兒拳之。腹堅。羣兒爭拳之痛。更擊以石。石碎。腹囊囊然。顚喜酒。酒鼻飲。羣兒願看顚鼻飲。多就其家索酒。酒顚也。夜倒懸橋梁或城女牆臥。軒軒焉。橫江徐氏者。好事人也。要顚歸。問吐納水火之術。不答。惟日戲伍羣兒如故。顚食盡一器。徐故予大器。無問多寡。食輒盡。又故以肥膩冷水諸不可口物內器。無問多寡。予顚。顚亦食輒盡。問顚浴乎。曰浴。然入廟殿後。人微窺之。見顚方呼呼然俯水面飲。前浴人之垢。不更去已垢也。夜無橋梁城女牆。則懸足架上。垂目睡。夜分人定。卽溺人。乘顚起。入問之。顚語莊微及日間細碎。卒不答吐納水火事。在吳越十餘年。人皆識之。一日過雲間。大守方岳貢出。見市兒數百譁曰。顚來顚來。怪問顚。不答。再問仍不答。岳以爲惑民。繫且杖。杖下而顚死矣。後有人入杭之西山。復見顚曳杖躄躄行。編者曰。吾亦知顚不能死也。

江石芸

江石芸、吳山桃花厓女子也。幼習經史。窮元會運世之數。及長。好兵法。鑄劍誅妖。攝人萬里外。一日過小孤山。遇白衣道士。授以書。盡通其義。人讀之。莫能曉也。以世無知者。遂隱於吳山。種桃花無根。花四時常開。名其地曰桃花崖。崖下月當日午而明。或曰。此龍宮女子也。有寶珠。其光奪日入月。因聚羣盜謀刼之。其珠不可見。石芸曰。珠固在。若輩烏能得也。舍若珠。刼我珠。若將失其珠。烏乎得我珠。唯自寶其珠。以無失其珠可耳。崖之中有黃夫人者。與之善。黃夫人家有虎。名白公。出入常騎之。能涉山渡水。石芸家有白牛一頭。臥桃花下。鼻無繩。常出入自如。人以爲黃夫人有虎。不敢近。久之。石芸與黃夫人亦不知也。於時搆茅屋崖下。讀易終日。不爲人所知。所著有悟眞註。有爲之序者曰。不知何許人也。嘗見石芸。觀其所著書。其女子邪。非女子邪。天乎其不知我也。宜其不知何許人也。

彭望祖

彭望祖。名遠。江西人。幼端方沉靜。寡言笑。弱冠舉諸生。從師讀書西山草庵中。冬月。有道士衣單麻衣。冒大雪來求宿。忽病足不能起。望祖憐之。日分飲食奉之。三年道士足愈。起謝曰吾受郎君惠厚矣。無以報。出丹書三卷授之曰。讀之可證飛仙。遂去不復見。望祖得其書。熟讀之。明亡棄舉子業。來游江南。京口張行貞延爲儒子句讀師。賓主甚相歡。他日飲青梅下。行貞盛言閩粵鮮荔之美。恨不得啖。望祖曰是固無難致也。行貞曰噫、先生何云不難哉。固無論山川險阻。第相去數千里。即使策駿馬乘傳日夜兼程行。至此亦槁矣。望祖唯唯。抵暮。行貞入。望祖命童子灑掃書舍庀香具法壇。戒童子先寢。童子慧。怪之。假寐竊起。窺見望祖於篋中取草龍一具。祭於台。須臾龍忽蠕然。鱗甲瓜牙皆動。望祖乘之。騰空去。不半夜歸矣。龍兩角掛纍纍皆鮮荔也。乃撤台收草龍置篋中。而東方已白。呼童子起進之。行貞大駭。詰童子。童子具以告。於是行貞知望祖有神術。謹事之。歲餘。望祖忽於午夜出草龍。收行旅琴劍書篋。掛於上。乘之而去。不知所終。

髯參軍

明思宗時。有公子某。不著其姓氏云。公子之子與蔣翁友。因悉公子遇髯參軍事。先是公子犇走某相國門。從京師持三千金歸。道遇一僧。狀獰獰。所肩行李。鐵扁拐。光黑甚重。伺公子信宿。公子初弗介意也。會抵一旅舍。公子先驅入止左廂。僧繼至。就右廂炕上臥。旅舍主人密呼公子告曰。客必從京師來。囊中必有金。則若奚俱至。公子始心動。倉皇失措。主人勸公子勿戀金。飲酒坐甫定。忽一虬髯人身長八尺餘。腰大十圍。鬢盡赤。激張如蝟。卽座上擲刀弓。呼酒食甚急。叱叱作雷聲。公子益驚惶股栗欲仆。髯微顧曰。君神色俱殊。度有急。盍言之。公子屏息若瘖。主人代爲述持金遇僧狀。髯曰。僧今安在。則指右廂臥炕上者。顧公子無動。直提刀排闥入。罵鈍賊胡不拾糞道上。而行刼邪。因弄其鐵扁拐。屈之成環。擲炕上曰。若直此。聽若取客金。不直則亟引項就刃。僧僵臥不動。良久。使匍匐下地請死。顧視扁拐成環。泣下請益哀。髯笑曰。故料若不能直此。聊爲若直之。去無汚乃公。及公子主人皆咋舌。從門外看。已復趨前羅拜。請姓名。髯笑不答。令俱就寢。且曰。請護公子行。公子大喜。至揚州。謂公子曰。君今但去無患。吾行矣。公子叩頭謝曰。某受客大恩。無以報。願進二百金爲客壽。且從此抵某家。計四日耳。盍俱渡江而南。髯笑曰。吾起家行陣。今隻身來爲幕府標客。設貪金豈止三百哉。吾憑限已迫。不能從。或緣公事渡江。則訪君。幸爲我具麵十五斤。生彘二口。酒一石。公子不得已。與別居數月。而髯果至。呼公子曰。饑甚。公子亟進麵。生彘。酒如前約。髯立飲酒至盡。卽以所佩刀刺殺生彘。而手自揉麵作餅。且炙且啖。盡其半。公子曰。參軍刀可拔山。庋舉幾百鈞。髯曰。吾亦不能自料。舉若干鈞。雖然。請試之。乃站庭檻上。而令數十人撞之。屹立不少動。曰。未盡也。復豎二指。中開一寸。以繩繞一匝。數健兒迸力曳兩頭。倔强如鐵。不能動半分。於是公子進曰。今天下盜賊蠭起。朝廷亟用兵。以參軍威武。殺賊中原。如拉朽耳。今首相某吾師也。吾馳一紙書。旦夕且得大將軍印。烏用隸人麾下邪。髯仰天大笑。徐謂公子曰。君顧某相國門下士邪。吾行矣。

無名生

無名生不知何許人。遇甲則曰某姓。遇乙則又曰某姓。人終莫測也。嘗止寓維揚間。

所至。攜一幞被書囊。僦室而居。亦時買藥市中。與之語。恢諧散誕。絕口不言時事。日不火食。惟市胡餅數枚。食已卽臥。夜起讀書。讀已輒哭。居人厭之。故所居恆不踰月。輒他徙。甲辰歲。予將北上。夜泊舟於無錫之柳塘灣。旁有小屋數椽。燈光隱隱出林表。更闌後。聞讀書聲。不辨其爲何書也。夜將半。聲轉淒切。已而大哭。予心奇之。擬次早跡踪其人。及旦而舟發遠。明年自京師還。復經其處。詢之土人。言去歲有某生寓此。遇夜輒哭。未幾辭去。莫知所往。予益奇之。比抵家。又踰歲。適杜子蘅若來自江陵。過予羊城寓室。偶及善哭生事。則於去年秋寓止焦山寺中。爲寺僧所逐。夜半攜書數卷。自沈於江。越數月。有蛇鬚老叟。黃冠布衲。渡江訪之。詢知已死。乃乘橈江上。溯洄竟日。是夜泊舟江岸。隣舟人窺之。若哭若笑。復以詩朗吟數次。投詩於江而去。亦不知其爲何人也。

瞽女琵琶

金陵卜者。好女子也。雙目瞽。挾琵琶。漫游遍宇內。然冥行無侍衞。止宿亦無常所。一日吳江急足某者遇諸塗時積雨乍晴。潦水沒踝。行人艱危。獨見女子飛浮水面。衣袖皆無沾漬。急足大驚。陰尾之出郊野徘徊間。忽回顧曰若何爲者。急足跪請曰下邑執候京兆指揮久不得當無所自存今幸遇夫人願從仙去耳。女子笑曰且休。今夜令若獲金一斤足矣。遂別。望女子行。若驚帆急足不得已歸。夜中果獲金一斤。竊自。幸因再往伺之。忽聞女子在後徐呼曰。若又何爲者。急足復跪請曰。夫人眞仙也。牀頭金易盡惟夫人是從。女子曰。無多言。汝於數更得金一鎰。遂別乃行。視前益快如迅。電轉瞬不見急足至夜不寐。黎明。恍忽間金已在前。果一鎰又一匕首霜刄懍然。擲地有聲。急足惶怖懾伏。良久心悟。不敢復往伺。朝有貴墨而淫縱。知其事艷之。必欲羅致。遣卒四出。責治期限。然無見也。忽夜半所居四壁皆琵琶聲。或前或後。或聞或不聞。舉家驚悸。不知所從來。日出。忽大聲砉然起空中。一琵琶落枕上分裂爲二。內得書一則。字跡端勁。大略言國家倚毗公等外禦邊疆。內循郡邑。任重身徵。神爽。或墮。報塞無由。夫心不清者。智慮短。慾太甚者。年壽促。又曰天下騷騷。民命如倒懸。公等安享作奸。貪得靡極。妾雖女子。能斷公首。朝貴得書惶悚。不久。竟以他事下獄棄市。淮南有沈隆生者。與女邂逅丹陽。授以吐納秘傳。順治年間人猶有見之者。

編者曰、當今之世。奈何無此一女子。遍戒我中華民國之執政權者邪。可歎也夫。

明代軼聞卷五終

明代軼聞 卷六

亂賊記

李自成

李自成、本米脂人。其妻倡也。與縣皂通。自成覺之。乃憤殺其妻與皂。偕兄子過亡命。投甘督部將王國興爲兵。漸以戰功擢升爲將。後數年。自成敗於川。引十八騎跣足行商洛中。其時軍律嚴。兵敗必斬。自成乃倡議曰。今兵敗。歸亦死。不歸亦死。死一而後策或可倖免。今者歸不如遁也。衆響應。乃遁入山中爲寇。嘗讀書觀乾象。咄咄自語。掩卷謂左右曰。汝亦知漢高之百戰百敗而得天下乎。顧其所讀書。自謂傳自異人。甚秘。人不得而知。後自成屢敗。爲楊嗣昌所圍。恨欲自殺。其將李復喜諫止之。時賊將多降。而藍田鍛工劉宗敏與孩兒軍張鼐、後稱小張侯者。嘗幸從自成。偕之愁叢祠中。顧宗敏歎曰。人言我當爲天子。汝盍卜之。吉則從我。不吉可斬我頭去以降。

宗敏諾。納其刀腰間三卜三吉。起而殺其妻妾曰。吾死從君矣。自成乃燒屯走河南。十四年陷河南。燔外王府。爇割福王。雜鹿肉爲醢。犒諸賊。名曰福祿酒。自成之母生自成。嘗夢一皇者服袞冕來。謂之曰。吾送天破星來爲爾兒。醒而誕自成。遂名曰皇來兒。自成之祖坆在陝萬山中。中共十六棺。一棺始祖也。傳有仙人點其穴。瞧鐵燿於毳門。曰長命燈。且爲之名曰鐵燈。明李氏王。自成反陝撫汪喬年令人發掘其祖坆。果有燈熒熒。旁具赤蟻數千。計喬年棄之壙中。復毀棺屍。骨作青碧色。生毛髮。茸茸如細菌。腦宮一赤蛇長四五寸餘。有小角。見日即飛繞若日華者七次。返而棲於腦。喬年因函顱骨以聞於上。自成嚙指切齒。謂必報此仇。明日薄兵城下。索喬年出戰。喬年出。自成遽躍前曰。此發我祖坆者。急擊勿失。言次揮其鞭。萬矢同發。故喬年敗死。城亦隨陷。自成爲人不甚長。高顴深頷。揭鼻如豺。而出語甚遲緩。性慘酷。鉗鑿鎚刀不離左右。日以割心椓腦爲戲。惟甘澹泊。食不重味。一妻一妾。無子。以李雙喜爲子。每在軍。蓐食即校射。所過崇岡絕坂。騰躍如飛。踰水翹足馬背。徑渡臨陣列馬兵三萬名三堵牆而各有幟色。紅一白一黑一。望之若錦雲。馬戰久則步排而前。長矛三萬。擊刺若飛。遲之則馬兵再合而戰。且爲之令曰。下城不踰時。不殺。一日殺之三。再日十之七。三日屠之。每城陷。步兵環堞下。馬兵徼之。如覆海然。不使一人脫生。以崇禎十七年正月朔。卽順王位。是日風霾。黃霧四塞。自成意不悅。僞學士姜學一進曰。此正所以掩大明也。自成乃悅。自成既陷京師。氈帽窄袖衣。乘烏驢。登皇極殿。據歡。座大學士魏藻德、成國公朱純等。皆歡迎。不許。乃召見京朝官。自金星下六政府。皆雜座。以次呼名。自成親選七十三人。金星選一十七人。列爲三等。奏聞榜發。俱不用。用其要者。除發權將軍署榜。答索金自嘉定成國公以下。皆多體熨項。夾脛籠腦。虐無虛日。於是諸臣始稍稍遁去。乃殺諸勳衛於平則門外。逐閹人出城。無老幼貴賤數十萬。不許復入。開取士。用書義。中式者十八人。命登清焚太廟神主。進桄桄索銀。凡七十萬。侯家出十之三。閹人十四。官十二。估商十一。餘官中內帑金銀器皿。以及鼎耳門環。細絲裝嵌。剔剖殆盡。初鑄錢不成。鑄金璽又不成。乃鎔金爲餅。每餅千兩。竅其中。貫以鐵絲。凡數萬餅。括騾車於乘。謀載歸西安。嘗曰陝西吾父母之國。形勢雄險。朕當世代都之。雖燕都又豈能易吾一西安哉。後清兵入關。自成數數敗。屯於黔陽。衆猶數萬。大飢。令兄子過守營。自將輕騎掠食村民。方築堡。見賊來。合圍伐鼓共擊之。自成走。且射。積雨。衆賊陷泥淖中。村民揮鋤碎其頭。顱血肉漫漶。不知為何賊也。抽尸剝甲裳。見龍衣金印。龍咸眇左目。驚為自成。截其頭以獻川督何騰蛟。騰蛟曰。吾聞李錦亦眇左目。得非錦耶。之左顱傷於鏃。曰是自成矣。蓋自成眇左目。故衣上龍咸眇。肖其形也。俎其頭祭烈皇帝之靈。自成雖殘忍。較之張獻忠亦稍遜也。自成字磑生。居米脂懷遠堡之李繼遷寨。與張獻忠不相謀面耳。

李自成為僧記

何璘澧州志云。李闖之死。野史載通城羅公山。明史載通城九宮山。其以為死於村民一也。今按羅公山實在黔陽。而九宮山實在通山縣。其言通城皆誤也。有孫教授為余言。李自成實竄澧州。至清化驛。隨十餘騎走牯牛壩。在今安福縣境。復乘騎去。

獨竄石門之夾山為僧。今其墳尚在云。余訝之。特至夾山。見寺傍有石塔。覆以屋。塔面大書奉天玉和尚。前有碑。乃其徒野拂文。載和尚不知何氏。一老僧年七十餘。尚能言夾山舊事云。和尚順治初入寺。事律門。不言來自何處。其聲似西人。復有一僧來云是其徒。乃宗門號野拂。江南人。事和尚甚謹。和尚卒於康熙甲寅二月。約年七十。臨終有遺言於野拂。彼時幼不與聞。寺尚藏有遺像。命取視之。則高顴深頤鴟蝎鼻。狀貌猙獰。與明史所載正同。自成僭號奉天倡義大元帥。後復自稱新順王。其自稱奉天玉和尚。蓋自寓加點以諱之。而野拂以宗門為律門弟子。事之甚謹。豈其舊日臣僚相侍與左右者歟。明史九宮山鉏死之自成。亦云我兵遣識者驗其屍朽莫辨。而老僧親聞謦欬。其西音又足異也。（右李自成墓誌江賓谷所著、據澧州志駁以明史通城之誤、則羅公山之謬更不待辨、其所徵引亦精確、但據前史所稱則自成之死於村民無疑、其言村民既鉏死自成、剝其衣得龍衣金印眇一目、村民乃大驚、疑為自成、其說原非無據、此老僧既能知和尚入寺之始及其卒年月、必能記憶其面目、惜當日孫敎授未及一問其詳也）按何騰蛟傳、李錦（自成從子、後賜名赤心）高必正（自成妻高氏弟）之歸騰蛟於荆州也。騰蛟上疏言元兇已除。稍洩神人憤。宜告謝郊廟。唐王大喜。立拜東閣大學士兼兵部尙書。封定興伯。而疑自成死未實。騰蛟言自成雖死。身首已糜爛。不敢居功。固辭封爵不允。是當時亦有疑其未死者。故本傳兼存清遣官驗尸之說。與豫英親王奏有降卒自成竄入九宮山爲村民所困自縊死。屍朽莫辨者。合然果其未死。則所稱得龍衣金印而眇一目者。伊何人邪。

張獻忠降生記

李祖惠言延安府膚施縣有林生者。縣之柳樹澗人也。家貧苦讀。試輒不利。舌耕於金明驛之東土橋。遺妻守舍。紡績自給。塾去家兩舍。一日歸舍。未至家。天已昏黑。愁雲密布。少頃大雨如繩。遂避雨於道旁古廟中。廟三楹。牆垣倒壞。無住持。中有神像一座。金衣剝落。神前有破香案。亦圮斜將壞。意待雨少霽。卽行而飛霖愈猛。雷電交作。遙望村火點點。簷外水深三尺。跬步難行。無如何。遂坐於香案下假寐。忽見兩廊人夫諠闐。鷂子奔馳。灑掃堦道。旁有大厨。豕羊羅列。宰夫數十百人。亂刀縷切。堂上燈燭輝煌。龍文鳳綺。供設甚盛。中一人緋衣平天冠。似王者規模。指點手下安排几桌。結綵張筵。旁列鼓樂。似人間地方官伺應上司狀。探馬卒絡繹不絕。鬧擾之聲爆火之光。徹內徹外。少焉忽有飛報者曰。煞星下界矣。緋衣人卽踉蹌趨出門外祗候甚恭。林生亦從稠人中遙望。見雲端冉冉一簇人馬。擁乘輿飛奔而至。兩旁皆仙娥嫚婇。環夾左右。笙簫縹緲。響遏行雲。漸漸前導至前。緋衣人又疾趨數武。至道旁拱列。貌益恭。乘輿此時忽墮廟外。喝住。輿中走出一人。赤鬚藍面。巨齒獠牙。猙獰可怕卽大步入。緋衣者謹隨後至大廳。赤髮人直上座。不敍賓主禮。緋衣人參揖後。卽趨側席陪坐。赤髮人甫坐定。卽拍案呼曰。飯來飯來。莫悞我事。緋衣人卽呼堦下數十青衣。舁餐盤而上。珍羞羅陳。大率皆人間未有。其來衆人。俱有供給在兩廊下。一時鼓樂齊鳴。歌舞咸備。饌畢。又青衣數十。爭上徹席。緋衣人避席拱立而言曰。今日星君下界。雖奉上帝勅旨。亦萬民刼數。但職忝東嶽。以好生爲心。伏乞十分中暫留殘喘三分。則庇德非淺。言訖。又復恭聽赤髮人。初聞若怒。既見上下俱款洽。隆至有赧色。微頷首而起。大步出門外。隨者皆擁護緋衣人。仍送出。旁候乘輿。一片光明。望之投已村中而沒。林生牽從緋衣侍者。密問曰。此何人。答曰。汝學生也。一驚而醒。則身猶在香案下。東方已白。檐溜漸稀。雨已晴矣。視廟榜。署東嶽也。遂躐步歸至家。妻啟戶出迎。林生入。見案上盛喜鷄蛋一盒。問之。妻答曰。昨晚比隣張嫂誕子。所送也。林生異之。後過五年。張翁送其子入其塾。從讀。改名獻忠。年餘不能記一字。翁遂使牧牛。又無賴。往往從羣兒撲戲。及長。漸爲狗偸。充本縣快手。不數年。爲流賊。林生老猶在焉。

張獻忠

獻忠延安柳樹澗人。與自成同年生。崇禎三年。據米脂之十八寨。自號八大王。獻忠過湖。卜於洞庭君者三。不吉。大怒。仆洞庭君像。竟渡至中流。風發。覆賊船百餘隻。獻忠怒而還。纜大舟岸旁。綑所載婦女什器。投以薪油。縱火燒之。凡千餘艘。連岸四十里。夜中如水光之霞。李自成據西安。方謀襲川。獻忠覺之。親督軍騎出禦於保寧之梓潼關。仰視文昌廟。曰。張姓吾祖也。祖姓張。我姓張。咱們聯了宗罷。尊你爲祖。祖須助我。於是上張亞子尊號曰始祖皇帝。大敗李自成於綿州。俘其衆得蒙古一千五百人。改綿州爲得勝州。又謀襲西安。思盡殺川人以絕人望。遂先殺所俘一千五百人於南門之外。始分兵計殺。凡一兵殺男子百。授把總。女倍之。以頭與四肢爲記。以下較次進級。不者坐逆罪。殺無赦。卽於崇禎己酉年九月望夕。分起會計各路衞軍七十五萬。兵二十三萬有奇。家口不計。乃殺民之諸生釋道及堪輿醫卜有材技者。各府縣編牌。按名分列輪殺。凡家口三十餘萬。獻忠猶以爲未足。復按戶草殺。由成都。自城北威鳳山至南門桐子園。綿亘七十餘里。屍積若邱山。其婦女不勝殺。則牽鉏而投於流水。流水乃爲之涸。丙戌元日。命平東將軍孫可望、撫南將軍劉文秀、安西將軍李鎭國、征北將軍艾能奇、分路草殺。五月間回成都。上功疏。平東一路殺男子五千五百八十餘萬女九千二百萬。撫南一路。殺男子九千五百六十餘萬。女八千八百萬。安西一路殺男子九千九百餘萬。女八千八百萬。征北一路殺男子七千六百餘萬。女八千八百九十六萬餘。中央一路。則由獻忠自領名曰御府老營。其數自計之人莫得而知也。惟僞總兵溫自讓不忍草殺。率百騎遁。獻忠殺其妻子以殉有子幼。白如瑑粉。獻忠以火印烙之。周身爲卍字形。名曰錦孩兒。其殘忍有如此者。嘗屠順慶。其鄰屬聞令爭先期向酒家貰酒。謀醉死。酒家堆金錢如山。初大喜。既而思之。復大哭。皆叉手待戮。無倖免。草殺既盡。乃燒毀城郭廬舍。積聚粟米有不盡者。剝皮以殉。於是用法移錦江而涸其流。穿竅數仞。實以黃金瓌寶累億萬。殺人夫下土石塡之。後決堤放流。名曰活水藏。後至者不得發。乃以平金川土寇功。勒石頌德。令侍臣嚴錫命撰文。既成。獻忠命其立北面。立而誦。錫命爭曰。當南面。獻忠怒。刖其雙足。亂杖以死。獻忠黃面長身而虎頷。人稱黃虎。一妻七妾。强健不及李自成。而狡毒過之。性嗜殺。嘗封蜀世子爲太平公。未幾日殺之。開科取士。又盡坑其所取者。禁軍民私語。犯者斬。昏勿燃燭。燃燭者坐十家罪。列兵爲甬道。令民徒行以過。少女留入營。餘皆處死。以兵脅紳士。不至者抵法。禁勿觸諱。犯者斫去手足。下令民間勿蓄馬。乃擇日考武生。武生無馬。選棧馬之掊劣者數百匹驅之。使武生騎。既騎。發巨砲轟之。合營兵大噪以奔之。馬驚人墮。蹂爲肉糜。乃大笑樂。蜀府醫院有銅人。獻忠以楮幕其竅。令太醫刺之。其有差者。卽以金鎗還刺其人竅。謂爲銅人復仇。一夜宮中鼠鬬擾獻忠。獻忠乃下令令營兵捕鼠。明日於轅門繳。令不得者以首代之。是夜兵大亂。掘屋毀茅。捕鼠轅門。堆鼠屍如山。又蓄巨獒數百頭。令雜羣臣朝拜。有爲犬所嗅者。卽爲不忠。推出斬之。剖心爲戲。其殘酷無人理至此。人謂鳳凰坡箭集其身猶不足蔽其辜也。

張獻忠軼事

張獻忠寇蜀時。嘗駐兵順慶之金山鋪。以西充縣治爲軍府。清兵收川後。吳興某以乙科宰是邑。攜二僕到官。招徠流亡。數月後。使漸有煙火氣。食單所供僅蒼野蔬一日偶步後圃。披榛覓路。瞥見寶光入目。得大珠一顆。因集衆鋤治蕪穢。數日始盡。內有精舍一區。陳設悉備。灑掃爲燕息地。東廂列十櫃。黃封宛然。珍奇瓌寶。蜀錦巴緞、充牣其中。西廂亦然。並啟之。駢列磁缾。籤題御用字樣。試破其一。見爲糟肉。其本南人。食性所嗜。且久不知肉味。饞吻大嚼。色香味皆勝。二僕爭染指焉。久之爲老吏所覺。嗜曰。我聞獻賊嗜人肉。膳房擇白皙而肥胖者。治以椒鹽香糟。蓄之磁缾。私爲珍饌。此其是矣。僕告之。令相與嘔吐。狼藉病彌月始瘳。又於故櫃得公牘。多僞左丞相嚴錫命、僞兵部尚書龔完敬等論疏。皆拉雜摧燒之。而以東廂珍寶。貴遂富甲吳興云。

老神仙

蜀中劉文季爲余言。昔獻賊中有所謂老神仙者。事甚怪。能生已死之人。續已斷之肢與骨。賊衆敬如神明焉。其初被擄時。將殺之矣。賊擄人不及殺。審其人凡一技一藝者。皆得免。神仙比能以泥塑像。獲免。賊中遂以塑匠呼之。一日塑匠滌大釜沃水。

折屋爲薪燎之。水沸。沸凡數。以一榜左右攪成膏。賊衆駭異爭相傳。獻賊聞謂妖人。又將殺之。塑匠曰。願一言以死。王不欲成大事邪。何故殺異士。獻賊異而問之。曰、臣有異術。能生人。此膏乃仙授。或刀斧、或搒掠受重創者。臣能頃刻完好。獻賊卽搒一人試之。立驗。獻賊殘忍。日殺人劓刖。人至笞掠無算。笞凡數百。血肉糜潰。氣息僅存者。付塑匠以白水膏傅之。無不生。且立刻杖而行。軍中爭趨之。餽遺飲食無虛日。以是食衣囊橐漸充矣。獻賊有愛將某者。攻城爲飛礮所中。去其頦。奄奄一息矣。塑匠曰。易與耳。卽生割一人頦按之。傅以膏。一日而甦。飲噉如未割也。時孫可望在賊中爲監軍。夜被酒。殺一嬖妾。且行三十里。醒而悔之。道遇塑匠。笑問曰。監軍夜來未醉耶。何有不豫色。然可望告以故。塑匠曰。監軍果念其人乎。吾當回馬覓之。可望曰。唉、起營時。尸已不知何在。想爲犬豕啖矣。何從覓邪。塑匠曰、監軍若令我覓。何物犬豕敢啖貴人乎。可望曰、鼠子紿我。汝欲逃耶。我當遣介士押汝往覓。塑匠曰、何處覓。覓不能得。可望怒曰、汝何戲我。塑匠指道旁舁一氈橐曰。何須覓。卽此是也。可望曰、已朽之骨。何异之塑匠笑謂監軍曰。曷啟之。可望下馬解氈。則星眸宛轉。厭厭如帶雨梨花。帳中之魂已返矣。可望喜噪。一軍皆驚。聞於獻賊、獻曰此神仙也。當封之。且封恐衆不知。時營大澤中。下令軍中人備一几。以次日廣集原野。是時賊衆十萬餘。令以數十萬几累之。擇累之最高者。謂拜仙臺。於是衣塑匠以深衣。巾以綸巾。方履絲縧。塑匠身高六尺。廣顙闊面。口大有鬚。望之如世所繪社神者然。命之升臺。臺高且危。塑匠怯不欲登。獻賊令軍士各持弓矢。引滿以向之、曰不登即射。塑匠不得已。及其半。惴慄惶懼。而萬矢擬之如的。不敢止。勉登其上。獻賊令三軍釋弓矢。羅拜其下。呼老神仙者三。於時聲震天地。自此不復呼塑匠。而皆曰老神仙矣。老神仙亦自此不輕試其術。有渠賊某者。戰敗傷其足。脛骨已折。折不斷者皮僅寸耳。求老神仙治辭以不易。某哀號宛轉。盛陳金帛以請。老神仙揮之曰。此身外物。吾無需。雖然、吾不忍將軍之創也。吾無子。將軍能養我乎。某指天而誓。願終身父事之。老神仙從容解所佩囊。出小鋸。鋸斷其足。上下各寸許。取生人脛。度其分寸以接之。傳藥不數日而愈。自此賊中凡求其藥者。皆不敢侈餽遺。爭投身爲養子矣。獻賊有幸婢曰老腳者。美而慧。善書畫。腳不甚纖。因名。凡賊中移會偵發文字。皆所掌之。獻賊嬖之。燕處有所思。老腳見其獨坐。私往侍之。賊不知其爲老腳。疑旁人伺。以所佩刀反手擊之。中其腰。折骨劃腹。出腸而死。獻賊省之。悔恨惋痛。急召老神仙。老神仙曰、已死不能救。獻賊罵曰。老狡、監軍妾亦已死者乎。汝不能救。吾當殺汝以殉。老神仙逡巡曰。需時日方可。獻賊急欲其生。限三日。老神仙請期三七。比以酒合藥灌之。一七喉間格格有聲。老神仙賀曰。可救矣。七日當復。因取水潤其腸。納腹中。引針縫之。傅以藥。夾以木板。約以繩。果七日而老腳步履如常時。及獻賊死。賊衆潰。從蜀奔滇。生平素德於老神仙者。衞之來滇。永明至。賊衆多爲僞王侯。老神仙笑傲王侯間。擁厚貲。闢室城東隅。累石成山。鑿井爲地。旁植花木。蓄朱魚數百頭。客至。浮白呼魚出水以娛。醉則高歌而臥。不顧也。迄永明奔緬甸。老神仙從之行。及騰越。居常向空咄咄。若有所訴。一日爲文季曰。吾老矣。將奈何。文季曰。等死耳。公何惜。但公之異術。素靳不與人。致絕其傳。是可惜者。神仙曰吾非靳也。吾師授我時。有戒也。因訊其所授之由。曰某陳某、河南鄧州人、名家子。少嘗入鄉塾。性不樂章句。塾側有塑神佛者。時就與嬉。塾師時扑責之。歸而父母復責以不學。不能學。不能耐。遂出亡。悵悵無所適。因禱於關帝。得一籤云。他日王侯欲並肩。自顧一喪家子。何得並肩王侯哉。然神定不誣我。與王侯可並肩者。惟仙人。素聞終南多隱仙。願往從之。窮登涉。忍飢寒。遍訪無可從者。一日至山後。遙望絕壁上有洞。人出入。因披荆棘。踞巉岩。達於洞。見一道者坐石上。儵然異凡人。余幸曰。此吾師也。因長跪以請。道士不顧。拂袖歸洞。余不敢入。即洞口稽首而已。如是者三日。忽一童子持一物示余曰。師食爾。狀如糕。色白。方僅二寸。味甘如飴。食之。遂不復飢。余竊喜益信。拜求七日。道者忽出問余曰。癡子、汝欲何爲。余告求仙道者。哂曰。去。汝非此中人。何自苦爲。余自念無所歸。惟投崖死耳。涕泣以求道者。曰已而。吾念汝誠。有書一卷授汝。資一生衣食。好爲之。勿輕洩。洩雷擊也。速去毋久留。徒飽虎狼耳。余得書驚喜。倉皇下山。省之。皆禁方也。可三十頁。道延安人爭傳某巡撫者。有愛女戲鞦韆。傷足。骨出於外。醫莫能療。募能醫者。金二百。快騾一匹。余往應募。依方試之。果瘥。余於是囊金乘騾歸。吾父怒。出亡。且疑多金。是時賊已起。謂余必從不義。首之官。將置之法。余族兄孝廉某白無辜。出獄。訊其故。因出書。余父聞余出。持大杖奔族兄家。余族兄反覆解喻。不信。并陳書以實。余父愈怒。裂書焚之。族兄從火中奪得僅四頁。余急懷而逃。今之所用者。皆燼餘之四頁也。年久。其頁者亦不知何往矣。其自述如此。居無何。以疾死。嗚呼、不龜手藥一也。一以封侯。一不免於洴澼絖。顧所用異耳。向使老神仙能體父志。不陷於賊。挾此術遊當世。盧扁華陀。不得專美於前矣。惜其狃於貨利。遂安神仙之名。而終以賊死。雖然、人之遇仙與不遇仙。惟視福德之厚薄。老神仙得其書而不能全其福。可知矣。嘗見稗官所誌。侯元者樵山。遇老人。授兵法。卒作賊。戮其身。事頗類此。常怪仙人不得其人。卽秘其傳可也。何往往傳非其人。以致戕害。仙亦何忍哉。且終南道者。亦未必有眞仙。聞其膏乃以處子陰戶油煉之。火光滿室。焰升屋梁。光息而膏成。此豈仙人救人之方乎。本草以多用蟲魚。致遲上昇十年。況殺人以救人邪。且不獨一人。須數十百人也。是老神仙者。則亦始終一從賊而已。

明代軼聞卷六終

明代軼聞　卷七

技術史

柳敬亭

柳敬亭者、揚之泰州人。蓋曹姓。年十五。獷悍無賴。名已在捕中。走之盱眙。挾稗官一冊。非所習也。耳剽久。妄以其意抵掌盱眙市。則已傾其市人。好博所得亦緣手盡。有老人日爲醵百錢。從寄食。久之過江。休大柳下。生攀條泫然。已撫樹顧同行數十人曰。嘻、吾今氏柳矣。聞者以生多端。或大笑以去。後二十年。金陵有善談論柳生。衣冠懷之輻輳門。車嘗接轂。所到坐中皆驚。有識之者。此固嚮年過江時休樹下者也。柳生之技。其先後江湖間者。廣陵張樵、陳思、姑蘇吳逸、與柳生四人者。各名其家。柳生獨以能著。或問生何師。生曰。吾無師也。乃儒者雲間莫君後光。莫君之言曰。夫演義雖小技。其以辨性情。考方俗。形容萬類。不與儒者異道。故取之欲其肆。中之欲其微促而赴之欲其迅。舒而繹之欲其安。進而止之欲其留。整而歸之欲其潔。非天下至精其孰能與於斯矣。柳生乃退就舍養氣定詞。審音辨物。以爲揣摩。期月而後詣莫君。莫君曰。子之說未也。聞子說者驩咍嘔醵。是得子之易也。又期月曰。子之說幾矣。聞子說者危坐變色。毛髮盡悚。舌撟然不能下。又期月。莫君望見驚起曰。子得之矣。目之所視。手之所倚。足之所跂。言未發而哀樂具乎其前。此說之全矣。於是聽者儻然若有見也。其竟也。恤然若有亡焉。莫君曰。雖以行天下莫能難也。已而柳生辭去之揚州之杭之吳。吳最久。之金陵。所至與其豪長者相結。人人昵就生。其處己也。雖甚卑賤。必折節下之。即通顯敖弄無所詘。與人談。初不甚諧謔。徐舉一往事相酬答。澹辭雅對。一坐傾靡。諸公以此重之。亦不盡以其技強也。士大夫避寇南下僑金陵萬家。大司馬吳橋范公。以本兵開府。名好士。相國何文瑞。闔門避造請。兩家引生爲上客。客有謂生者曰。方海內無事。生所談皆豪猾大俠草澤亡命。吾等聞之笑謂必無是。乃公善誕。孰圖今日不幸竟親見之乎。生聞其語。慨然屬與吳人張燕筑沈公憲俱。張沈以歌。生以談。三人者酒酣。悲吟擊節。意悽愴傷懷。凡北人流離在南中者。聞之無不流涕。未幾而有左兵之事。左兵寧南伯良玉軍譟而南。尋奉詔守楚。駐皖城待發。守皖者杜將軍宏域。於生爲故人。寧南嘗奏酒思得一異客。杜既已洩之矣會兩人用軍事不相中。念非生莫可解者。乃檄生至進之左。以爲此天下辨士。欲以觀其能。帳下用長刀遮客。引就席。坐客咸震慴失次。生拜訖。索酒。詼諧調笑。旁若無人者。左大驚。自以爲得生晚也。居數日。左沉吟不樂。熟視生曰。生揣我何念。生曰、得毋以亡卒入皖。而杜軍不法。治之乎。左曰、然。生曰、此非有君侯令。杜將軍不敢專也。生乃請銜命去。馳一騎入杜將軍軍中。斬數人。乃定。左幕府多儒生。所爲文檄不甚中窾。會生故不知書。口畫便宜。輒合。左起卒伍。少孤貧。與母相失。請貤封不可得其姓。泪承睫不止。生曰、君侯不聞天子賜姓事乎。此吾說書中故實也。大喜。立具奏。左武人。卽以爲知古今識大體矣。阮司馬懷寧、生舊識也。與左郄而新用事。生還南中請左曰。見阮云何。左無文書。卽令口報。阮以捐棄故嫌。圖國事於司馬也。生歸。對如寧南指。且約結還報。及聞坂機築城。則頓足曰。此示西備。疑必起矣。後果如其慮也。左喪過龍江關生祠。哭已。有迎且拜。拜不肯起者。則其愛將陳秀也。秀嘗有急。生活之。具爲梅村言救秀狀。始左病恚怒。而秀所犯重。且必死。生莫得楮梧。乃設之以事曰。今日飲酒不樂。君侯有奇物玩好。請賜一觀可乎。左曰。甚善。出所畫已畫二。其一關隴破賊圖也。覽鏡自照。嘆曰、良玉天下健兒也。而今衰矣。指其次曰。吾破賊後將入山。此圖所以志也。見衲而杖者數童子。從其負瓢笠。且近則秀也。生佯不省。而徐睨之。爲誰。左語之。且告其罪。生曰、若負恩當死。顧君侯以親信。卽入山且令相從。而今殺之。卽此圖爲不全矣。左頷之。其善用權譎。爲人排患解紛。率類此。初生從武昌歸。以客將新道軍所來。朝貴皆傾動。顧自安舊節。起居故人。無所改。逮江上之變。生所攜及留軍中者。亡散累千金。一再貧困。而意氣自如。或問之。曰、吾在盱眙市上時。夜寒藉束藁。臥扉履踵決。行雨雪中。窮不自料以至於此。今雖復落。尙足爲生。且有吾技在。寧懼憂貧乎。乃復來吳中。每被酒。嘗爲人說故寧南時事。則欷歔泣下。既在軍中久。其所談益習。而無聊不平之氣無所用。益發之於書。故晚節尤進。

武風子

武風子者、滇南之武定州人也。名恬。先世以軍功官於衞。恬以胄子少學書。已棄勿學。性好閒。不謀榮利。嗜酒。日惟謀醉。簞瓢屢空。晏如也。凡游藝雜技。過目卽知之。滇多產細竹。堅實可爲箸。武生以火繪其上。作禽魚、花鳥、山水、人物、城門、樓閣。精奪天功。人奇之。每得其雙箸。爭購錢數百。於是武生之交戚貧者。因以爲利。生顧未嘗售也。頗自珍重。一箸成。輒把玩不釋。保護如頭目。或醉後痛哭。悉焚之。醒復悔。悔而復作。然靳不輕與人。好事者每瞯其謀醉時。置酒招之。造必盡懽。酒酣。以火與箸雜陳於前。而不言生。攘臂起。頃刻完數十箸。揮手不顧也。或於酒中以箸相屬。則怒拂衣出。終身不與之見。或遇貧士及釋道者。流告以困窮。輒忻然爲之。雖累百不倦。於是滇之士夫。或相餽遺。皆以武生箸爲重。王公大人游於滇者。不得武生箸。卽不光。生固落落儒生耳。未嘗以風子名。丁亥之歲。流賊從蜀敗奔。假號於滇。滇士民慴於威波靡以從生獨匿深箐中不出。賊於民間見其箸。異之。遍召不得。因懸賞索之。或告曰。曷出以圖富貴。生大笑曰。我豈作奇技淫巧以悅賊者耶。偵者聞於賊。縶之來。至則白眼仰天。喑無一語。賊命作箸。列金帛於前。設醇醪於右。以誘之。不應。陳刀鋸以恐之。亦不應。賊怒。揮斬之。縛之市曹。而神色自如。終無一言。時賊帥有侍側者。曰。腐鼠何足膏斧鉞。曷縱之。徐徐當自逞其技也。釋之而生自此病矣。披髮佯狂。垢形穢語。日歌哭行市中。夜逐犬雞與處。人遂皆呼曰武風子矣。及淸師定滇。風子病少差。亦稍稍爲人作箸。以謀醉。人重之。逾常時。安定守某者受貴人屬。召爲之。不應。守怒。撻之於庭。血流體潰。終不應。自此風子之踪跡無定矣。或琳宮梵舍。或市肆田家。往必數日。留留必作數十箸以謀醉。然出入無時。於是其箸可得而不得矣。昔者有人見其箸作凌煙閣功臣圖者。箸粗僅及繩。而旌旗鎧仗。侍從衞列。無不畢具。至褒公鄂公英姿毛髮。道子傳神。莫或過之。其畫細如絲。深紺色入竹。分餘如縷。武定太守顧與山言其作箸時。削炭如筆數十。置烈火中。酒滿壺於旁。伺炭末紅若錐。右執炭。

肅肅有聲。如蠶食葉。快若風雨。且飲且作。壺乾卽止。益之復作。飲不用蓋杓。以口就壺。不擇酒。期醉。醉則伏火而臥。或歌或哭。或說論語經書。多奇解。及醒而問之。則他囈語以對。或正作時。酒未盡。忽不知其何往。逾數十日或數月復來。卒續成之。其狀貌如中人。年近六十餘。拜跪揖起無異。惟與之語。則風子矣。輿山曾作武異人歌贈之。故時往還也。但所繪故事。多稗官雜劇、有規以雅馴者。笑而不答。亦終不易。或曰非病風者也。狂人也。或曰其有道者歟。不然。何富貴不淫。威武不屈耶。

張南垣

張南垣、名漣。南垣其字。華亭人。徙秀州。遂爲秀州人。少學畫。好寫人像。兼通山水。遂以其意壘石。故他藝不甚著。其壘石最工。在他人爲之莫能及也。百餘年來。爲此技者類學嶄巖。嵌特好事之家。羅取一二異石。標之曰峰。皆從他邑輦至。決城闉。壞道路。人牛喘汗。僅而得至。絡以巨絙。錮以鐵汁。刑牲下拜。劖顏刻字。鉤塡空青。穹窿巖巖。若在喬嶽。其難也如此。而其旁又架危梁。梯鳥道。游之者鉤巾棘履。拾級數折。傴僂入深洞。捫壁投鏬。瞪盼駭栗。南垣過而笑曰。是豈知爲山者邪。今夫羣峯造天。深巖蔽日。此蓋造物神靈之所爲。非人力可得而致也。況其地輒跨數百里。而吾以盈丈之趾。五尺之溝。尤而効之。何異市人搏土以欺兒童哉。惟夫平岡小坂。陵阜陂陁。版築之功。可計日以就。然後錯之以石。碁置其間。繚以短垣。翳以密篠。若似乎奇峰絕嶂。纍纍乎牆外。而人或見之也。其石脈之所奔注。伏而起。突而怒。爲獅蹲。爲獸攫。口鼻含呀。牙錯距躍。決林莽。犯軒楹而不去。若似乎處大山之麓。截谿斷谷。私此數石者爲吾有也。方塘石洫。易以曲岸迴沙。邃闥雕楹。改爲青扉白屋。樹取其不凋者。松杉檜栝。雜植成林。石取其易致者。太湖堯峰。隨宜布置。有林泉之美。無登頓之勞。不亦可乎。華亭董宗伯元宰、陳徵君仲醇。亟稱之曰。江南諸山。土中戴石。黃一峰、吳仲圭常言之。此知夫畫脈者也。羣公交書走幣。歲無虛數十家。有不能應者。用爲大恨。顧一見君。驚喜歡笑如初。君爲人肥而短黑。性滑稽。好學里巷諸媟以爲撫掌之資。或陳語舊聞。反以此受人嘲弄。亦不顧也。與人交。好談人之善。不擇高下。能安異同。以此游於江南諸郡者。五十餘年。自華亭秀州外。於白門、於金沙、於海虞、於婁東、於鹿城。所過必數月。其所爲園。則李工部之橫雲。虞觀察之預園。王奉常之樂郊。錢宗伯之拂水。吳吏部之竹亭爲最著。經營粉本。高下濃淡。早有成法。初立土山。樹木未添。巖壑已具。隨皴隨改。煙雲渲染。補入無痕。卽一花一竹。疏密欹斜。妙得俯仰。山未成功。先思著屋。屋未就。又思其中之所施設。牕櫺几榻。不事裝飾。雅合自然。主人解事者。君不受促迫。次第結構。其或任情自用。不得已骫骳曲隨。後有過者。輒歎惜曰。此必非南垣意也。君爲此技旣久。土石草樹。咸能識其性情。每創手之日。亂石林立。或臥或倚。君躊躇四顧。正勢側峰。橫支豎理。皆默識在心。借成衆手。常高坐一室。與客談笑。呼役夫曰。某樹下某石可置某處。目不轉視。手不再指。若金在冶。不假斧鑿。甚至施竿結頂。懸而下縋。尺寸勿爽。觀者以此服其能也。人有學其術者。以爲曲折變化。此君生平之所長。盡其心以求彷彿。初見或似。久觀輒非。而君獨規模大勢。使人於數日之內。尋丈之間。落落難合。及其旣就。則天墮地出。得未曾有。曾於友人齋前作荊關老筆。對峙平礒已過五尋。不作一折。忽於其顚將數石盤互得勢。則全體飛動蒼然不羣。所謂他人莫能及。蓋以此也。君有四子。能傳父術。晚歲辭涿鹿相國之聘。遣其仲子行。退老於鴛湖之側。結廬三楹。駿過之。謂駿曰。自吾以此術游江之南也。數十年來。名園別墅。易其故主者。比比是矣。蕩於兵火。沒於荊榛。奇花異石。他人輦取以去。吾仍爲之營置者。輒數見焉。吾懼石之不足留。吾名而欲得子文以傳之也。駿曰。柳宗元爲梓人傳。謂有得於經國治民之旨。今觀張君之術。雖庖丁解牛。公輸刻鵠。無以復過其藝。而合於道者歟。君子不作無益。穿池築臺。春秋所戒。而今王公貴人。歌舞般樂。侈欲傷財。獨此爲耳目之觀。稍有合於清淨。且張君因深就高。合自然。惜人力。此學愚公之術而變異者也。其可傳也乎。

口技一

揚州郭猫兒善口技。其子精於戲術。揚之當時縉紳。無不愛近之。庚申某在揚州。一友挾猫兒同至寓。比晚酒酣。請奏薄技。於席右設圍屏。不置燈燭。郭坐屏後。主客靜聽、久之無聲。俄聞二人途中相遇。揖敘寒暄。其聲一老一少。老者拉少者至家飲酒。投瓊藏鈎。備極款洽。少者以醉辭。老者復力勸進數甌。遂踉蹌出門、彼此謝別。主人閉門。少者履聲蹣跚。約可二里許。醉仆於塗。忽有一人過而蹴之。扶起。乃其相識也。遂掖之至家。而街柵已閉。遂呼司柵者。一犬迎吠。頃之數犬羣吠。又頃益多。犬之老者、少者、遠者、近者、哮者。同聲而吠。一一可辨。久之司柵者出啟柵。無何至醉者之家。則又誤叩江西人之門。驚起。知其誤也。則江西鄉音詈之。羣犬又數吠。比至。則其妻應聲出送者。鄭重而別。妻扶之登牀。醉者索茶。妻烹茶至。則已大鼾。鼻息如雷矣。妻遂詈其夫。唧唧不休。頃之。妻亦熟寢。兩人鼾聲如出二口。忽聞夜半牛鳴矣。夫起大吐。呼妻索茶。作囈語。夫復睡。妻起便旋。納履。則夫已吐穢其中。妻怒罵。久之遂易履而起。此時羣雞亂鳴。其聲之種種各別。亦如犬吠也。少之。其父來呼其子曰。天將明可以宰猪矣。始知其為屠戶也。其子起至猪圈中飼猪。則聞羣猪爭食聲。嚵食聲。其父燒湯聲。進火傾水聲。其子遂縛一猪。猪被縛聲。磨刀聲。殺猪聲。猪被殺聲。出血聲。

燖剝聲。歷歷不爽也。父謂子曰。天已明。可賣矣。聞肉上案聲。卽聞賣買聲。數錢聲。有買猪首者。有買腹臟者。有買肉者。正在紛紛爭鬧不已。書然一聲。四座俱寂。

口技二

京中有善口技者。會賓客大讌。於廳事之東北角。施八尺屏幛。口技人坐屏障中。一桌、一椅、一扇一撫尺而已。衆賓環坐。少頃。但聞屏障中撫尺二下。滿堂寂然。無敢譁者。遙遙聞深巷犬吠聲。便有婦人驚覺欠伸。搖其夫語猥褻事。夫囈語。初不其應。婦搖之不止。則二人語漸間雜。床又從中戛戛。既而兒醒。大啼。夫令婦撫兒乳。兒含乳啼。婦拍而嗚之。夫起溺。婦亦抱兒起溺。床上有一大兒醒。狺狺不止。當是時。婦手拍兒聲。口中嗚聲。兒含乳啼聲。大兒初醒聲。床聲。夫叱大兒聲。溺瓶中聲。溺桶中聲、一齊湊發。衆妙畢備。滿坐賓客。無不伸頸側目。微笑嘿歎。以爲妙絕也。既而夫上床寢。又呼大兒溺。畢。都上床寢。小兒亦漸欲睡去。鼾聲起。婦拍兒亦漸拍漸止。微聞有鼠作作索索。盆器傾側。婦夢中咳嗽之聲。賓客意少舒。稍稍正坐。忽一人大呼火起。夫起大呼。婦亦起大呼。兩兒齊哭。俄而千百人大呼。千百兒哭。千百犬吠。中間力拉崩倒之聲。火爆聲。呼呼風聲。百千齊作。又夾百千求救聲。曳屋許許聲。搶奪聲。潑水聲。凡所應有。無所不有。雖人有百手。手有百指。不能指其一端。有百口。口有百舌。不能名其一處也。於是賓客無不變色離席。奮袖出臂。兩股戰戰。欲先走。忽然撫尺一聲。羣響畢絕。撤屏賑之。一人、一桌、一椅、一扇、一撫尺而已。嘻。若而人者。可謂善畫聲矣。

簫洞虛

今簫、非簫也。蓋古尺八。近予臨川車袁擅其巧。今世稱洞虛子者是也。袁戴湖村人。字龍文。幼涉學。凡藝近文史者。皆工。而尤妙於竹。凡竹之屬。皆善。而最善者簫。尺八也。自年七歲。弄俗簫成聲。輒惡其聲。十歲時。得吳市簫吹之。亦不厭已意。然好彌甚。至妨語食。剡剞刻鏤。大變舊法。晝則操造。水濱怪石旁。或入幽岫林樾蒼菁中。當月野霜庭。鳥睡蟲醒之際。啟塞抑按。未嘗去手。一日悟其法。起舞拍牀。罵前人聾鈍不聞此妙也。頃之。其鄉人持一管萬里外。遇解音客。購之萬錢。雙絹。自是洞虛子簫聞天下。顧產僻左。足不到吳越歌舞場。家居。十指不給。其後俗簫稍稍竊其粗似。丹碧之名。洞虛亂於吳市中。暴得直而直洞虛子家故貧自若也。時澹蕩以酒人客高門雅士間。語次罵坐。衆欲毆之。已而聞簫聲滿坐皆歡。又相與洗盞更酌。蓋其爲人如此。四方之知洞虛子者。至今莫知其爲何許人也。其簫表裏濯治得議制之妙。無瑕聲。無累氣。飾以行草秀句山水漁釣宮觀煙樹。人物花鳥蟲豸雜物。工寫描勒入神而其獨得之妙在選竹。竹至千尺。取十一。蓋有柯亭爨下遺識乎。嘯吟之餘。輒以斤鋸自隨。園公林監或訛病之。好事者賞其僻不問也。傳占衡嘗得二焉。其一瀟湘合流。八景分峙隙間題詠。毫髮可數。其一十八尊者圖李龍眠筆。蘇子瞻贊秦太虛記皆具。占衡嘗置酒倚琴而吹之。因謂子是藝如北方佳人。絕世獨立。餘粉黛皆土耳昔人品庾信月明孤吹。然非洞虛簫。寧成子山文乎。袁大喜。遂別琢一枝相遺。形以一丘、一壑、一觴、一咏而題其上云。青筠欲托王褒賦。明月吹成庾信文。且曰簫之壽計年。計十人之壽。計十計百。先生作傳。洞虛之壽不可計。敢請。占衡笑諾之。因訪其利病最要處。袞乃曰。簫孔下出。貫綸者。兩宜差後而斜睨。勿居中而徑往、占衡愛其聽巧絕倫。戲為簫洞虛傳。傳之、嗟夫恐亦如流馬木牛尺寸具諸葛書中人不能用也。

韓翁

黃九煙先生言有韓翁者。能吹鐵簫。冠服詭異。時而衣大袖紅袗。如富豪公子。時而破衲襤褸如貧乞兒。有聞而異之者。因訪焉。面城而居。敗屋一楹。几上置大小竹管若干具。皆有竅。長四五六寸不等。裂片楮三四寸許。書簫譜約三四十字。堆滿几案。翁衣貉裘冠孤帽。如營伍中人。語操北音。訪者請聆其技。乃出鐵簫者三。其二制與常簫等。左右手各握一具以鼻吹音無參差也。其一約長二尺餘。口吹。訪者因詢其所裁竹管。答曰、竹不論長短皆可吹。但須因材剜竅耳。予簫譜止四五句。熟之則諸曲皆可合也。尚有鐵琴、一今在眞州未攜來。不為君奏矣。學余技頗能却病。撫軍某患目疾。予授以吹簫而愈。制軍某患齒病。予授以吹簫而愈。所治者非一人矣。復爲訪者曰。今醫家每以王道治病。王道性燥烈。恐反增疾。予則純以覇道治之。是藥治之。是藥皆取其魂而去其質。僅輕清之氣耳。訪者知翁未嘗讀書。誤謂霸爲王。謂王爲霸也。

核舟記

明有奇巧人曰王叔遠。能徑寸之木。爲宮室器皿人物。以至鳥獸木石。罔不因勢象形。各具情態。嘗貽余核舟一。蓋大蘇泛赤壁云。舟首尾長約八分有奇。高可二黍許。中軒敞者爲艙。箬篷覆之。旁開小窗。左右各四。共八扇。啟牕而觀。雕欄相望焉。閉之則右刻山高月小。水落石出。左刻清風徐來。水波不興。石青糝之。船頭坐三人。中峩冠而多髯者爲東坡。佛印居右。魯直居左。蘇黃共閱一手卷。東坡右手執卷端。左手撫魯直背。魯直右手執卷末。左手指卷。如有所語。東坡現左足。各微側。其兩膝相比者。各隱卷底衣褶中。佛印絕類彌勒。袒胸露乳。矯首昂視。神情與蘇黃不屬。臥右膝。詘右臂支船。而豎其左膝。左臂挂念珠倚之。珠可歷歷數也。舟尾橫臥一楫。楫左右舟子各一人。居右者椎髻仰面。左手倚一衡木。右手攀右趾。若嘯呼狀。居左者右手執蒲葵扇。左手撫爐。爐上有壺。其人視端容寂。若聽茶聲然。其船背稍夷。則題其上文曰、天啟壬戌秋日。虞山王毅叔遠甫刻。細若蚊足。鉤畫了了。其色墨。又用篆章一。曰初平山人。其色丹。通計一舟。為人五。為窗八。為篛篷、為楫、為爐、為壺、為手卷、為念珠各一。對聯題名幷篆文。為共三十有四。而計其長曾不盈寸。蓋簡桃核修狹者為之。魏子詳矚既畢。詫曰、嘻、技亦靈怪矣哉。莊列所載稱驚猶鬼神者良多。然誰有游削於不寸之質。而須麋瞭然者。假有人焉。舉我言以復於我。亦必疑其誑。乃今親睹之。繇斯以觀。棘刺之端。未必不可為母猴也。噫、技亦靈怪矣哉。

桃核念珠

得念珠一百八枚。山桃核為之。圓如小櫻桃。刻羅漢三四尊。或五六尊。立者。坐者。課經者。荷杖者。定於龕中者。蔭樹趺坐而說法者。環坐指畫論議者。袒跣曲拳和南者。面前趨而後侍者。合計之。為數五百。蒲團竹笠茶奩荷策缾鉢經卷畢具。又有雲龍風虎、獅象鳥獸、獍猊猿猱、錯雜其間。初視之不甚了了。明窗潔几。息心諦觀。所刻羅漢。僅如一粟。梵相奇古。或衣文織綺繡。或衣袈裟。水田絺褐。而神情風致各蕭散於柏松巖石。可謂藝之至矣。向見崔銑郎中有王氏筆管記。唐德州刺史王倚家有筆一管。稍麤於常用。中刻從軍行一鋪。人馬毛髮亭臺山水無不精絕。每事復刻從軍行詩二句。如庭前琪樹已堪攀。塞外征人殊未還之語。又輟耕錄載宋高宗朝巧匠詹成雕刻精妙。所造鳥籠。四面花版。皆於竹片上刻成宮室、人物、山水、花木、禽鳥。其細如縷。而且玲瓏活動。求之二百餘年。無復此一人。今余所見念珠雕鏤之巧。若更勝於二物也。惜其姓名不可得而知。長洲周汝瑚言吳中業此者。研思殫精。積八九年。及其成。僅能易半歲之粟。八口之家。不可以飽。故習茲藝者亦漸少矣。噫、世之拙者。如荷擔負鋤、輿人御夫之流。蠢然無知。惟以其力日役於人。既足養其父母妻子。復有餘錢。夜聚徒侶飲酒。呼盧以爲笑樂。今子所云巧者。盡其心神目力。歷寒暑歲月。猶未免於饑餒。是其巧爲甚拙。而拙者似反勝於巧也。因以珊瑚木難飾而囊諸古錦。更書答瑚之言。以戒後之恃其巧者。

核工記

見桃墜一枚五分許。橫廣四分。全核向背皆山。山坳插一城池。歷歷可數。城巔具層樓。樓門洞敞。中有人類。司更卒。執桴鼓。若寒凍不勝者。枕山麓一寺。老松隱蔽三章。松下鑿雙戶。可開闔。戶內一僧。側首傾聽。戶虛掩。如應。門洞開。如延納狀。左右度之無不宜。松外東來一衲。負卷帙踉蹌行。若為佛事夜歸者。對林一小陀。似聞足音僕僕前。核側出浮屠七級。距灘維一舟。蓬窗短舷間。有客凭几假寐。形若漸寤然。舟尾一小童。擁爐噓火。蓋供客飲也。艤舟處當寺陰。高阜鐘閣踞焉。叩鐘者貌爽爽自得。睡足徐興乃爾。山頂月晦半規。雜疎星數點。下則波紋漲起。作潮來候。取詩姑蘇城外寒山寺。夜半鐘聲到客船之句。計人凡七。僧四。客一。童一。卒一。宮室器具凡九。城一。樓一。招提一。浮屠一。舟一。閣一。爐竈一。鐘鼓各一。景凡七。山水林木灘石四。星月燈火三。而人事如傳更。報曉。候門。夜歸。隱几。煎茶。統為六。各殊致殊意。且幷其愁苦寒懼凝思諸態。俱一一肖之。語云納須彌於芥子。殆謂是與。然聞之尺綃繡經而唐徵。水戲薦酒而隋替。器之淫也。吾滋懼矣。先王著考工蓋早辨之焉。

過百齡

無錫固多佳山水。間生瑰閎奇特之士。常以道藝爲世稱述。若倪徵君雲林以畫。華學士鴻山以詩。王僉事仲山以書。乃今過處士百齡者。則以奕。其爲道不同。而其聲稱足以動當世則一也。百齡名文年。爲邑名家子。生而穎慧。好讀書。十一歲時。見人奕。則知虛實先後進擊退守之法。曰、是何難也。與人奕。奕輒勝。於閭黨間無不奇百齡者。時福清閣學台山先生奕名居第二。求可與敵者。諸鄉先生以百齡應。召至。則尙童子也。葉公已奇之。及與奕。葉公輒負。諸鄉先生耳語百齡曰。葉公顯者。若當陽負。何屢勝。百齡艴然曰。奕小技。然枉道媚人。吾恥焉。況葉公賢者也。豈以此罪童子邪。葉公果益器之。欲與俱北。以學未竟辭。自是百齡之名噪江以南。遂益殫精於奕。不幾年學成。曰可以應當世矣。會京師諸公卿聞其名。有以書邀致者。遂至京師。有國手曰林符。往來公卿間。見百齡年少。意輕之。一日諸公卿會飲。林君謂百齡曰。吾與若同游京師。未常一爭道角技。即諸先生何所用吾與若耶。今願畢其所長。博諸先生歡。諸公卿皆曰諾。遂爭出注。約百緡。百齡固謝不敢。林君益驕。益强之。遂對奕。坪未半。林君面頸發赤熱。百齡信手以應。傍若無人。凡三戰。林君三北。諸公卿譁然曰。林君向固稱覇。今得過生。乃奪之矣。復皆大笑。於是百齡碁品遂第一。名噪京師。當其時。居停主某錦衣者。以事繫獄。或謂百齡曰。君爲錦衣客。須謹避。不然禍將及。百齡毅然曰。錦衣遇我厚。今其有難而去之。不義。且吾與之交。未嘗干以私。禍必不及。時同客錦衣者。悉被繫。百齡竟免。以天下多故。百齡不欲久留。遂歸隱錫山。日與一二酒徒狂嘯縱飲。不屑屑與人奕。獨徵逐角戲以爲樂。百齡素貧。出游輒得數百金。輒盡之博塞。其戚黨誰訶百齡。百齡曰。吾向者家徒壁立。今得此。資俱以奕耳。得之奕。失之博。夫復何憾。且人生貴適志。區區逐利者何爲。噫、若百齡者可謂奇矣。以相國之招而不去。以金吾之禍而不避。至知國家之傾覆而急歸。爲公卿門下客者垂四十年而未嘗有干請。若百齡者。僅謂之奕人乎哉。

八大山人

八大山人、明寧藩宗室。號人屋。人屋者、廣廈萬間之意也。性孤介。頴異絕倫。八歲即能詩。善書法。工篆刻。尤精繪事。嘗寫菡萏一枝。半開池中。敗葉離披。橫斜水面。生意勃然。張堂中。如清風徐來。香氣嘗滿室。又畫龍丈幅間。蜿蜒升降。欲飛欲動。若使葉公見之。亦必大叫驚走也。善詼諧。喜議論。娓娓不倦。嘗傾倒四座。父某。亦工書畫。名噪江右。然喑啞不能言。甲申國亡。父隨卒。人屋承父志。亦喑啞。左右承事者。皆語以目。合則頷之。否則搖頭。對賓客寒喧以手。聽人言古今事。心會處。則啞然笑。如是十餘年。遂棄家爲僧。自號曰雪个。未幾病顚。初則伏地嗚咽。已而仰天大笑。笑已。忽跿跔踴躍。叫號大哭。或鼓腹高歌。或混舞於市。一日之間。顚態百出。市人惡其擾。醉之酒則顚止。歲餘病間。更號曰个山。旣而自摩其頂曰。吾爲僧矣。何不可以驢名。遂更號曰个山驢。數年。妻子俱死。或謂之曰。斬先人祀。非所以爲人後也。子無畏乎。个山驢亦從富貴中來。遂慨然蓄髮。謀妻子。號八大山人。其言曰。八大者。四方四隅皆我爲大而無大於我也。山人既嗜酒。無他好。人愛其筆墨。多置酒招之。預設墨汁數升紙如千幅於座右。醉後見之。則欣然潑墨廣幅間。或灑以敝帚。塗以敗冠。盈紙骯髒不可以目。然後作筆渲染。或成山村。或成邱壑。花鳥竹石。無不入妙。如愛書。則攘臂搦管。狂叫大呼。洋洋灑灑。數十幅立就。醒時欲求其片紙隻字不可得。雖陳黃金百鎰於前。勿顧也。其顛如此。

陳老蓮

洪綬好畫蓮。自號老蓮。數歲見李公麟畫孔門弟子。端木。能指其誤處。十四歲、懸其畫於市中。立致金錢。初法傳染時、錢唐藍瑛工寫生蓮。請瑛法傳染。已而輕瑛。瑛亦自以不逮蓮。終身不寫生。曰、此天授也。蓮游於酒人。所致金錢。隨手盡。尤喜爲窶儒畫。窶儒藉蓮畫給空。豪家索之。千緡勿得也。嘗爲諸生督學使索之。亦勿得。顧生平好婦人。非婦人在坐不飲。夕寢非婦人不得寐。有攜婦人乞畫。輒應去。崇禎末、愍皇帝命供奉。不拜。尋以兵罷。監國中待詔。淸兵下浙東。大將軍撫軍固山從圍城中搜得蓮。大喜。急令畫。不畫。刃迫之。又不畫。以酒與婦人誘之。以畫。仍不畫。後得脫。人之請彙所爲畫。署名且有粉本渲染。已大飲。夜抱畫寢。及伺之。遯矣。朝鮮兀良哈、日本撒兒罕、烏思藏購蓮畫。重其直。海內傳模爲生者數千家。甬東袁鵾貧。爲洋船典簿。記藏蓮畫兩幅。截竹中。將歸。貽日本主。主大喜。重予宴。酬以囊珠。亦傳模筆也。蓮嘗模周長史畫。至再三猶不欲已。人指所模畫。謂之曰。此畫已過周。而猶嗛嗛何也。曰此所以不及者也。吾畫易見好。則能事未盡也。長史本至能而若無能。此難能也。吾試以文言之。今夫爲文者。非持論。卽摭事耳。以議屬文。以文屬事。雖備經營。亦安容作者之意存其中邪。自作家者出。而作法秩然。每一文至。必銜毫吮墨。一若有作者之意先於行間。舍夫論與事。而就我之法。曰、如是則不當。而文亡矣。故夫畫、氣韻兼力。渢渢容容。周秦之文也。勾綽捉勒。隨境塹錯。漢魏之文也。驅遣於法度之中。釘前翦後。陵轢矜軼。搏裂頓斫。作氣滿前。人家也。故畫有入神家。有名家。有當家。有作家。

有匠者家。吾惟不離乎作家以負此嗛也。其論如此。蓮畫以天勝。然各有法。骨法法吳生。用筆法鄭法。主墨法荆浩。疏渲傳染。法管仲姬。古皇聖賢孔門弟子。法李公麟。觀音疏筆。法吳生細公麟。諸天羅漢菩薩神馗鬼魅。法張騾騎。衣冠士。法閻右相。士女。法周長史昉。几幛、尊、卣、缾、罍、什器、戎衣、穹廬、番馬、駱駝、羊犬。法趙承旨。鈎勒竹法劉涇。折枝桃、牡丹、梅、水仙、草花。法黃檢校錢選。鳥睛花鬚。點漆凹厚。法宣和。蠭蟬、蛺蝶、蠐螬、螗螂、蜂蠆法。宣和亦雜法。崔徐黃父子。蓮法於蓮。

薛衣道人

薛衣道人祝巢夫、名堯民。洛陽諸生也。少有文名。明亡。遂棄制藝爲醫。自號薛衣道人。得仙傳瘍醫。凡諸惡瘡。傳其藥少許。卽愈。人或有斷脛折臂者。請治之。無不完。若刳腹、洗腸、破腦、濯髓。則如華陀之神。里有被賊斷頭者。頭已殊。其子知其神。謂家人曰。祝巢夫仙人也。速爲我爲來。家人曰。郞君何妄也。頸不連項矣。彼卽有還魂丹。烏能合既離之形骸哉。其子固强之而後行。既至。巢夫撫其胸曰。頭雖斷。身尚有暖氣。

暖氣者生氣也。有生氣則尙可以治。急以銀鍼紉其頭於項。旣合以末藥一刀圭。熨以炭火。少頃、煎人參湯雜他藥。啟其齒灌之。須臾、則鼻微有息矣。復以熱酒灌之。逾一晝夜則出聲。又一晝夜則呼其子而語矣。乃進以糜粥。又一晝夜則可舉手足矣。七日而創合。半月而如故。舉家拜謝。願以產之半酬之。堯民不受。後入終南山修道。不知所終。無子。其術不傳。

黃履莊

黃子履莊少聰頴。讀書不數過。卽能背誦。尤喜出新意。作諸技巧。七八歲嘗背塾師。暗竊匠氏刀錐。鑿木人長寸許。置案上。能自行走。手足皆自動。觀者異以爲神。十歲外父棄世。來廣陵。與予同居。因聞泰西有比例輪捩機軸之學。而其巧因以益進。嘗作小物自怡。見者多競出重價求購。體素多病。不耐人事。惡劇嬲。因竟不作。於是所製亦不可多得。所製亦多。予不能悉記。猶記其作雙輪小車一輛。長三尺餘。約可坐一人。不煩推挽。能自行住。以手挽軸旁斜捌。則復行如初。隨往隨挽。日足行八十里。

作木狗置門側。卷臥如活。惟人入戶觸機。則立吠不止。吠之聲於眞無二。雖黠者不能辨其眞僞也。作木鳥。置竹籠中能自跳舞飛鳴。鳴如畫眉。淒越可聽。作水器。以水置器中。水從下上。射如線。高五六尺。移時不斷。所作之物俱奇如此不能悉載。有怪其奇者。疑必有異書。或有異傳。而予與處者最久且狎。絕不見其書。叩其從來。亦竟無師傳。但曰余何足奇。天地人物皆奇器也。動者如天。靜者如地。靈明者如人。賾者如萬物。何莫非奇。然皆不能自奇。必有一與奇而不自奇者以爲源。而且爲之主宰。如畫之有師。土木之有匠氏也。夫是之爲至奇。予驚其言之大。而因是亦具知黃子之奇。固自有其獨悟。非一物一事求而學之者所可及也。昔人曰天非自動。必有所以動者。地非自靜。必有所以靜者。黃子自奇其得其奇之所以然乎。黃子性簡默。喜思。與余處。余嘗紛然談語。而黃子則獨坐靜思。觀其初思求入。亦戞戞似難。既而思得。則笑舞從之。如一思凝而不得。必擁衾達旦。務得其故而後已焉。黃子之奇。固亦由思而得之者也。而其喜思。則性出也。

寄暢園聞歌記

吳門徐生君見、以度曲名聞四方。與余善。著南曲譜。索余序。余爲之序。有曰。南曲蓋始於崑山魏良輔云。良輔初習北音。絀於北人王友山。退而鏤心南曲。足迹不下樓十年。當是時。南曲率平直無意致。良輔轉喉押調。度爲新聲。疾徐高下清濁之數。一依本宮。取字齒唇間。跌換巧掇。恆以深邈助其悽淚。吳中老曲師如袁髯尤駝者。皆瞠乎其後。自以爲不及也。良輔之言曰。學曲者移宮換呂。此熟後事也。初戒雜。務多迎頭拍字。徹板隨腔。毋或後先之。長宜圓勁。短宜遒然。毋剽五音。依於四聲。毋或矯也。又曰。開口難。出字難。過腔難。高不難。低難。有腔不難。無腔難。又曰。歇難。閣難。此不傳之秘也。良輔盡洩之。而同時婁東人張小泉、海虞人周夢山。競相附和。惟梁谿人潘荊南獨精其技。至今雲仍不絕。於梁谿也。合曲必用簫管。而吳人則有張梅谷。善吹洞簫。以簫從曲。毘陵人則有謝林泉。工擫管。以管從曲。皆與良輔游。而梁谿陳夢萱、顧渭濱、呂起渭輩。並以簫管擅名。蓋度曲之工。始於玉峰。盛於梁谿者。殆將百年矣此道不絕如綫而徐生蹶起吳門搴魏赤幟易漢幟恨良輔不見徐生徐生恨不見良輔也。徐生年六十餘。而喉若雛鶯靜女。松間石上按拍一歌。縹緲遲迴吐納瀏瀏。飛鳥遏音。游魚出聽。文人騷客爲之惝怳。爲之神傷。妙哉技至此也。一日徐生語余曰。吾老矣。恐不能復作少年狡獪事。得之傳者。乃在梁谿。今太史留仙秦公尊人以新公所蓄歌者六七人是也。君倘游九龍二泉間。不可不見此人聞此曲。余心識之久矣。庚戌九月、道經梁谿。適潁州劉考功、公勇擁大航西門外。留余方舟同游惠山。而吳明府伯成、秦憲使補念、顧孝廉修遠、及其子文學天石、朱公子子葆、劉處士震修、皆在席。太史留仙則挾歌者六七人。乘畫舫抱樂器凌波而至。會於寄暢之園。於時天際秋冬。木葉微脫。循長廊而觀止水。倚峭壁以聽響泉。而六七人者衣青紵衣。躧五絲履。恂恂如書生。綽約如處子。列坐文石。或彈或吹。須臾歌喉乍轉。纍纍如貫珠。行雲不流。萬籟俱寂。余乃狂呼曰。徐生徐生。豈欺我哉。六七人者各道姓名。斂袖低眉。傾其坐客。至是笙笛三絃十翻簫鼓。則授李生。李生亦吳人。是夕分韻賦詩。

三更乃罷酒。次日復宴集憲使家六七人又偕來。各奏技。余作歌貽之。俾知徐生之言不謬。良輔之道終盛於梁谿。而神仙父子風流跌宕。照映九龍二泉者。與山俱高。與水俱清也。是爲記。

明代軼聞卷七終

明代軼聞 卷八

異物志

神燈

近修曰。往余聞姚江有神燈。以爲誣。詢邑人。曰有之。三四月間始見。東郊嶽廟最盛。余候其時。攜同輩往。數數不獲。遇廟僧。曰天驟熱。將雨。遇矣。余又候熱往。日暝抵廟。登山巔玉皇殿。憑高仰俯。忽見二燈。冉冉從廟出。若懸。余足底回首四望。俱有所見。如晨星落落。布野已漸稠密。百千萬億熠熠往來。不可紀極矣。有一燈獨行者。有並攜二燈者。有百什燈排列徐徐若官人出行鹵簿前導者。有若二隊相値各分去者。有相値若語若揖而揖者。有高擎者。有下移者。有置燈趺坐者。有穿林踏險而行者。有渡江者始渡若揭衣躊躇登岸。則速者其光或頹若有所懞。或光動如庭燎。或滅忽復明。或數燈合爲一。或一分爲數。或迎風疾行。燄反向而熾。或徐行則斂。或駐則漸微。或排列一線。若星橋燈市。或獨燃幽處。若寒煙熱鐵。熒熒然。或高在山半。若懸竿。或出江間聚葦中。若漁火。或遠或近。在數十步內。熟睇。燈下若有二足影。喁喁若聞語聲。而實無語。余見燈聚處。使人疾趨睇。則無有。其人回睇余所在。反有之。余不覺也。至初更鐘鳴。則盡滅。嗚呼、其神耶。非神耶。以余所見。洵神也。然神之德盛。塞天地。貫古今。無乎不在。而必姚江。必東郊。必三四月。必熱將雨。始見。是豈神耶。夫儒者探賾索隱。探傳聞。覽怪誌。其疑惑衆訟宜也。余目所經見。且久立凝睇。而不知所繇。然求爲博物君子不其難耶。抑誠有不可知者耶。不可知則神矣。余故詳述之。以質世之多聞者。其年丙戌。其月癸巳。其日己卯。同游者爲年友湛侯于君進、及甯沈葉三君、俞咫顏秀才余門下士。

古鐵條

京師窮市上有古鐵條。垂三尺許。闊二寸有奇。形若革帶之半。中虛而外繡澁。兩面鼓釘隱起。不甚可辨。持此欲易錢數十文。人皆不顧。去積年餘。有高麗使客三四人。

旁睨良久問此鐵價幾何鬻鐵者謬云錢五百使客立解五百文授之其人疑不決卽詭對曰。此固吾鄰人物。俟吾詢主者。頃之。使主復來。鬻者曰。向幾誤。主者言非五金不可。使客卽割五金無難色。其人則又謂大言曰。公等誤矣。吾曹市語舉大數以爲言。五金蓋五十金也。使客曰。吾誠不惜五十金。但不得更悔。鬻鐵者私念一廢鐵夾條。增價五十金。藉令失此售主。并乞數十文。亦不可得。因曰吾以此博公多金保無後言。公幸告我。此爲何名。使客請先定要約而後告。於是觀者漸衆。使客乃舉五十金畀鬻鐵者。而以若帶者付其徒。乘馬疾馳去。度其去遠。始告衆曰。此名定水帶。昔神禹治水時。得此帶九。以定九區。平水土。此乃九之一。若攜歸吾國。價累鉅萬。豈止五十金而已哉。又問得此何所用。使客曰。吾國航海。每苦海水鹹不可飲。一投水帶其中。雖鹹滷立化。甘泉可無病汲。是以足珍也。市有好事者。隨至高麗館。試驗之。遂命汲苦水數石。雜鹽攪之。投以水帶。水沸作魚眼數十。少頃掬水飲之。甘洌乃勝山泉。遂各歎服而去。鬻鐵者言。闖陷京師時。得自老中貴。蓋先朝大內物也。嗟、嗟、自經變故以來。凡天府奇珍異寶。流落人間。泯泯無聞者。何可勝數、獨是帶爲高麗使所賞識。頓增聲價百倍。不脛而走海外。物之顯晦。固自有時哉。

義猴

建南楊子石袍告射陵曰。吳越間有鬐髯丐子。編茅爲舍。居於南坡。畜一猴。教以盤鈴傀儡。演於市以濟朝夕。每得飲。與猴共。雖嚴寒暑雨。亦與猴俱。相依爲命。若父子然。如是者十餘年。丐子老且病。不能引猴入市。猴每日長跪道旁。乞食養之。久不變。及丐子死。猴悲痛旋繞。如人子擗踊狀。哀畢。復長跪道旁。悽聲頓首。引掌乞錢。不終日。得錢數貫。以繩錢入市中。至棺肆不去。匠果與棺。仍不去。伺擔者。輒牽其衣裾。擔者爲舁棺至南坡。殮丐子埋之。猴復入市。跪於道旁。乞食以祭丐子。祭畢。遍拾野地之枯薪。廩之墓側。取向時傀儡置其上。焚之。乃長啼數聲。自赴烈燄中死。行道之人。莫不驚歎而感其義。爰作義猴塚。

義虎

嘉靖時、明經孫某爲山西孝義知縣。見義虎甚。屬猷廷作記記之。縣郭外高唐孤岐諸山多虎。一樵者朝行叢箐中。忽失足墮虎穴。兩小虎臥穴內。穴如覆釜。三面石齒廉利。前壁稍平。高丈許。蘚落如溜。爲虎逕。樵踴而躄者數。傍徨遶壁泣。待死。日落風生。虎嘯踰壁入。口銜生麇。分飼二小虎。見樵蹲伏。張爪奮搏。俄巡視若有思者。反以殘肉食樵。入抱小虎臥。樵私度虎飽。朝必及。昧爽。虎躍而出。停午。復銜一麇來。飼其子。仍投餕與樵。樵餒甚。取啖。渴自飲其溺。如是者彌月。浸與虎狎。一日小虎漸壯。虎負之出。樵急仰天大號。大王救我。須臾虎復入。拳雙足俛首就樵。樵騎虎騰壁上。虎置樵攜子行。陰崖灌莽。禽鳥聲絕。風獵獵從黑林中出。樵益急呼大王。虎卻顧。樵跽告曰。蒙大王活我。今相失。懼不免他失而逢他患。幸終活我。導我中衢。我死不忘報者。虎頷之。遂前至中衢。反立視樵。樵復告曰。小人西關窮民也。今去不復出。歸當蓄一豚。候大王西關三里外郵亭之下。某日時過饗。無忘吾言。虎點頭。樵泣。虎亦泣。迨歸。家人驚訊。樵語故。共喜。至期具豚。方事宰割。虎先期至。不見樵。竟入西關。居民見之。呼獵者閉關柵矛梃銳弩畢集。約生擒以獻邑宰。樵見之奔救告衆曰。虎與我有大恩。願公等毋傷。衆不聽竟擒詣縣。樵擊鼓大呼。官怒詰樵。樵具告前事。不信。樵曰請驗之。如謊願受笞。官親至虎所見樵抱虎痛哭曰。救我者大王耶。虎點頭。大王以赴約入關耶。復點頭。曰爲大王請命。若不得願以死從大王。言未訖。虎淚如雨下墮地。觀者數千人。莫不歎息。官大駭。趨釋之。驅至亭下。投以豚。矯尾大嚼。顧樵而去。後名其亭曰義虎亭。

義犬

有太原客南買還。策一衞。橐金可五六百。偶過中牟縣境。憩道左。有少年人以梃荷犬至。亦偕憩。犬向客咿啞若望救者。客買放之。少年窺客裝重。潛躡至僻處。以梃搏殺之。曳至小橋水中。蓋以沙葦。負橐去。犬見客死。陰尾少年至其家。識之。卻詣縣中。適縣令升坐。班甚肅。犬直前據地呼號。若哭若訴。驅之不去。令曰。爾何冤。吾遣吏隨爾。犬導隸出。至客死所。向水而吠。隸掀葦得屍。還報。顧無從得賊。犬亦復至。號擲如故。令曰、若能知賊乎。我且遣隸隨爾。犬又出。令又遣數隸尾去。行二十餘里。至一僻村人家。犬竟入。逢一少年。跳而嚙其臂。衣碎血濡。隸因縛之。到縣。具供殺客狀。問其金。尚在。就家取之。因於橐中得小籍。知客邑里姓氏。令乃抵少年辟。而藉其橐歸庫。犬復至令前。吠不止。令因思曰、客死其家尚在此。橐金安屬。犬吠將無是乎。乃復遣吏直往太原。此犬亦隨去。既知其家。告知客死。又知橐金無恙。大感慟。客有子。束裝隨吏至中牟。賊已瘐死獄中。令乃取橐驗而付之。其犬仍尾其子。至扶櫬偕返。往還數千里。旅食止宿。與人無異。

義貓

山右富人所畜之貓。形異而靈且義。其睛金。其爪碧。其頂朱。其尾黑。其毛白如雪。富人畜之甚珍。里有富人子見而愛之。以駿馬易之。不與也。以愛妾換。亦不與。以千金購。又不與。陷之盜。破其家。亦不與。因攜貓逃之廣陵。依於巨商家。亦愛其貓。百計求之不可得。以鴆酒毒之。其貓與富人不離左右。鴆酒甫斟。貓即傾之。再斟再傾。如是將三。富人覺而同貓脊遁匿於舟後。渡黃河。失足溺水。貓見主人墮河、叫呼跳號。撈救不及。貓亦投水。與波俱汩。是夕故人夢見富人云。我與貓并死於水。俱在天妃宮中。天妃水神也。故人明日謁天妃宮。果見富人屍與貓俱在神廡下。買棺瘞之。埋其貓於側。編者曰。嗚呼、蟲魚禽獸。或報恩於生前。或殉死於身後。如毛寶之白龜。思邈之青蛇。袁家兒之大獰犬。楚重瞳之烏騅馬。指不勝屈。若貓之三覆鴆酒。何其靈。呼救不得。殉之以死。何其義。又豈畜類中所多見者耶。然其人以愛貓故被禍。破家流離異域。復遭鴆毒。非貓之幾先有以傾覆其不死於毒者幾希矣。及主人失足河流。叫跳求援。得相從於洪波之中。以報主人珍愛之恩。以視夫爲人臣妾。患至而不能捍臨難而不能決者。其可愧也夫。其可愧也夫。

孝犬

孝犬、廣東東莞縣隱士陳恭隱家牡犬也。色白而尾騂。四足皆黑。恭隱痛父死國難。矢志不進取。隱居山中。以吟飲自縱。不與時人通。此犬隨恭隱未嘗須臾離。每出則犬先行數百步。若以爲導者。遇豺狼蛇虎。則亟返嚙恭隱衣袂曳之還。若不使前者。恭隱悟。卽旋。犬又隨後。離數十步作大聲嘷。若以爲衞者。以是爲常。夜則於廬舍前後巡且吠。達旦不少休。數年犬一乳五子。皆壯。既長。恭隱分贈前後左右鄰家畜之。皆能司門戶不怠。初分之歲餘。母犬日來往各家視乳犬一周。若訓之勤者。有食乳犬輒讓母犬先食。乳犬既壯。母犬卽不往視。而乳犬輒來恭隱家視母犬。又數年母犬病癩瘦將死。乳犬日齊來。爭與母犬舐癩。遂愈。每至元旦。五乳犬輒齊來遶母犬搖尾若爲母犬賀狀。後母犬死。皆哀號不止。恭隱憫之。瘞之山後。五乳犬每早輒往瘞處號哭。如是者數年不輟。

徐庵古佛記

石佛庵在映壁庵石壁之上。一椽小築。壓壁之肩。徐庵在石佛庵之上。一椽小築。較石佛庵稍寬。壓庵之肩。石佛庵一石佛。石佛之外無餘佛。徐庵三古佛。古佛之外無餘佛。石佛之像高三尺。垂目趺坐。與世像同。而古佛甚異。佛身之高幾一尋。中則釋迦求道像清稿貧削眉臥準軒螺髻結而不理盤坐一枯樹根若有所思而不悟者腹臍内吸若久不竦者肌骨稜稜粟粟若六花週遶强自撐耐者背僂若鳥巢其頂者膝踞若藤穿其膝者右普賢身跨一灰象兩手平衡捧貝葉兩目不瞬注貝葉貝葉失矣手猶是目猶是也若從無字句處參觀而有得者所跨象眠齒突雙目宛轉善睨人亦與之左右睨往往人象相睨有久而不捨者左文殊與普賢雁行於釋迦之次一手持藤杖一手著膝上坐獅獅之狀龐然以伏貌猛而性善然人之愛獅不若愛象也及晦夜入佛堂爐香不紅琉璃火滅有兩炬炷燭射牕闥人卽大恐退以爲室有虎也乃從壁隙諦窺審其所在烱烱者乃獅之目蓋獅目陽燧爲之也故人之宿於菴者愛象又不若愛獅

潞王府珍物

崇禎末年有江右客寓珠寶巷攜一硃盒中藏碧草一本上有生就小龍其大如指長踰三寸光似淡金鱗角爪牙無一不備循枝盤繞氣色如新博物者不知其所從

出。時潞王播越在浙。售其府中。按潞王名敬一。精通釋典。故又名潞佛子。工書善畫。尤精於蘭。至今有石刻留虎跑寺。製爲潞琴。前委兩角。材最精良。其府中頗蓄珍奇異物。有沸水石。有竹節盆。其大如輪。有純陽像。乃仙筆也。風右則鬚飄而左。風左則鬚飄而右。有舍利一顆。晦夜放光。視其燥溼可占陰晴。有四面觀音一尊。得之大鱉腹中者。王之繡佛長齋。從剖鱉得佛像始。而後陵谷變遷。均不知失散於何處也。

禁中珍物

崇禎時延陵陳頡仙官中書。嘗奉詔入禁中。見中宮翼善冠嵌大珠一顆。大如芡實。紫光璀燦。如蓮花至晚則五朵繽紛。如琉璃燈燄。蓋即夜光也。東宮束髮冠纓前一珠差小。碧燄照耀如盤。似銅青投火中。綠煙鬱勃。不知何名。又見漢唐宋以來寶琴三百六十二張。皆有贊有銘。惜未錄出。未幾鼎革禍作。此種珍物。遂不可復識矣。哀哉。

大內異珠

大興李氏藏毋珠一枚。大可五六寸許。中有眞武神像。端坐椅中。龜蛇承其足。靈官荷戈侍立。作瞋目狀。雲氣繚繞之。恍惚現四神將之形。在若有若無之間。背鐫高麗國王璽以紫金爲之。蓋明季大內之物。流落民間者。李氏以十緡得之。亦至足寶貴也。

大內銅盤

偶見宣銅宮盤一。中有凸起。御製錦春堂詞一闋云映日穠花旖旎。縈風細柳輕盈。游絲千尺重門靜。金鴨午煙清。戲蝶渾有意。啼鶯還似多情。游人來往知多少。歌吹散春聲。宣德七年正月十五日、背刻交龍。中有內用二字。

明代軼聞卷八終

中華史地叢書
明代軼聞

1912

作　　者／林慧如　編
主　　編／劉郁君
美術編輯／中華書局編輯部

出 版 者／中華書局
發 行 人／張敏君
行銷經理／王新君
地　　址／11494 臺北市內湖區舊宗路二段181巷8號5樓
客服專線／02-8797-8396　　　傳　　真／02-8797-8909
網　　址／www.chunghwabook.com.tw
匯款帳號／兆豐國際商業銀行　東內湖分行
067-09-036932　中華書局股份有限公司

法律顧問／安侯法律事務所
印刷公司／維中科技有限公司　海瑞印刷品有限公司
出版日期／2015年3月臺三版
版本備註／據1987年2月臺二版復刻重製
定　　價／NTD 337

國家圖書館出版品預行編目（CIP）資料

明代軼聞 / 林慧如編. — 臺三版. -- 臺北市
: 中華書局, 2015.03
面 ; 公分. — (中華史地叢書)
ISBN 978-957-43-2431-6(平裝)

1.明史 2.野史

626　　　　　104006831

版權所有・侵權必究
ALL RIGHTS RESERVED
NO.G0025
ISBN 978-957-2431-6（平裝）
本書如有缺頁、破損、裝訂錯誤請寄回本公司更換。